られる宣言!!

たちは、そう信じてる。どんなに悲しいできごとが

P024 CHAPTER 1
まずは「モー娘。占い」をパーソナライズしよう。
STEP 0「モー娘。占い」に必要なかんたんな約束事をおぼえておこう。……P026
STEP 1 キミのマトリクスナンバーを見つけだせ!!……P028
STEP 2 キミを守ってくれる8人のガーディアンを探しだそう!!……P032
キミのマトリクス・フォーメーション……P036
MATRIX DATA 30の守護女神……P038

P180 CHAPTER 2
すべてはマトリクスにきけ!!

P250 CHAPTER 3
きょう1日の運命を変える法!!

あっても、どんなにつらいめにあっても、そしてど

んなに怒りを感じたとしても、それは変えることの

できない運命で、わたしたちは無力だと思うのは、

もうやめよう。わたしたちの心は自由。わたしたち
NOZOMI TSUJI

の肉体に羽はないけれど、わたしたちの心には羽が
HITOMI YOSHIZAWA

ある。心の羽を思いきりはばたかせれば、わたした

ちは運命という名のバードケージから自由になれる。

運命と思っていたことが、思いこみや、自信のなさ

や、恐れや、無知や、いいわけにすぎなかったこと
MIKI GOTOH

を、そのとき、わたしたちは知る。そして、悲しい

できごとは成長のためには必要なステップだったこ
MARI YAGUCHI

とを、怒りとはただただ自分自身をさいなめるだけ

のことだったと知る。心の羽を力強くはばたかせ、

空高く飛べば、そんなふうにいろんなことが見えて

くる。占いは心の羽のために使おう。占いは、わた

したちが気づかないでいた自分のことをいろいろ教

えてくれるから。心の羽をつかって大空を飛ぶとき、

占いが教えてくれたことは、方角を教えてくれるコ

ンパスのように役に立つ。みんなでつくりあげた、

この「モー娘。占い」には、そんな心のコンパスに

なるようにという願いがこめられています。では、

あなたの毎日が元気いっぱいでありますように!!

CHAPTER 1

まずは「モー娘。占い」をパーソナライズしよう

「モー娘。占い」は30枚の中から選ばれる9枚のカードで運命を占う。
その運命は1人の守護女神と8人のガーディアンで表される。
その組み合わせはなんと、1億パターン以上もあるのだ!!
キミとまったく同じ守護女神とガーディアンを持つ人がいる確率はゼロに近い。
これからやってもらう「モー娘。占い」のパーソナライズとは
このキミだけの守護女神と8人のガーディアンを見つけだすことだ。
方法はかんたん。つぎのページからの指示にしたがうだけ。
では、いざ、パーソナライズ開始!!

「モー娘。占い」に必要なかん

どの列も合計が15になるこの数秘魔法陣。カードをこの数字の順番にたてよこ3列にならべて占うのが、「モー娘。占い」だ。

■カードのならべ方には決められた順番があるぞ!!

　左の図を見てごらん。では、たてよこ3列の、どの列でもいいから書いてある数字をたし算してみよう。まず、いちばん上の列だ。4+9+2=15。つぎに2列目をたしてみる。3+5+7=15。答えは同じ。じゃあ、たての列はどうだろう？　右はしの列をたしてみよう。2+7+6。答えは15。不思議じゃないか。それじゃあ、ななめはどうだ？2+5+8=15。超不思議なんである。この図では、どこをどうたしても、答えはすべて15なのだ!!

　これが神秘の数秘魔法陣《すうひまほうじん》。「モー娘。占い」では、図に矢印でしめしたように、たてよこ3列にこの不思議な数字の順にカードをならべて占うのだ。この順番はカードの裏面にも書いてあるから、おぼえなくてもだいじょうぶ。とにかく、この不思議な順番でカードをならべなくちゃ占いは成立しないということだけは、しっかりおぼえておこう!!

たんな約束事をおぼえておこう。

■カードの位置にはそれぞれのテーマがある!!

決められた順番にカードをならべて、さまざまに占うのが「モー娘。占い」なわけだけど、カードがおかれるそれぞれのポジションにはテーマが決められてあるんだ。

たとえば、いちばん上の列の左はしの位置は友情というテーマを表し、そのとなりは心のテーマを表すというぐあいだ。

何を占うかによって、たいせつなカードの位置がこれによって決まってくる。たとえば、恋愛を占うときには、右はしの列の上から2番目におかれたカードが重要な意味をもつというわけだ。

このカードがおかれた位置とテーマの関係も、カードの裏面に書いてあるので暗記しなくてもＯＫだよ。

こんなふうに、カードがおかれた場所には、それぞれのテーマがあるんだ。まん中はテーマが決められない場所、つまりトランプでいえばジョーカーのような場所だ。

STEP 1 キミのマトリクスナンバーを

■誕生年月日からマトリクスナンバーをみちびき出そう!!

さて、「モー娘。占い」のかんたんな約束事がわかったところで、いよいよパーソナライズの開始だ。

まずは、キミの運命や性格、そして相性などのベーシックな運命がわかるマトリクスナンバーを見つけだそう。

方法はかんたん。つぎのようなやり方で、キミの誕生年月日の数字を一ケタずつたし算していき、最終的に10以下の数字をみちびき出すのだ。生年は西暦を使うよ。

では、例として、1990年12月1日生まれの人のマトリクスナンバーを出してみよう。1日の1は01と表すぞ。

1 最初に誕生年月日のぜんぶの数字をたす。

1+9+9+0+1+2+0+1=23

2 合計が11以上だったら、一ケタめと二ケタめの数字をたす。

2+3=5

見つけだせ!!

そう、この「5」という数字が、1990年12月1日生まれの人のマトリクスナンバーということになるのだ。

では、キミのマトリクスナンバー を出してみよう。

下のマスめにキミの誕生年月日を書きこんで計算をしよう。3月や8日などのひとけたの数は、03や08というように、頭に0をつけて書きこもう。

1 誕生年月日を書きこみ、ぜんぶをたし算しよう。

1 + 9 + 9 + 4 + 0 + 5 + 2 + 5
年 月 日

= 3 5

2 もし答えが11以上なら一ケタめと二ケタめの数字をたす。

3 + 5 = 8

答えが11以上で、一ケタめと二ケタめをたしても、まだ11以上である場合がある。そんなときは、またもう一度、一ケタめと二ケタめをたすんだ。たとえば、1989年9月29日生まれの人なら、こんなふうにする。

●誕生年月日の数字をぜんぶたす。

1 + 9 + 8 + 9 + 0 + 9 + 2 + 9
年 月 日

= 4 7

●すると答えが11以上なので、一ケタめと二ケタめをたす。

4 + 7 = 1 1

●それでも答えはまだ11以上なので、もう一度、一ケタめと二ケタめをたして11以下の数にする。

1 + 1 = 2

●で、2というマトリクスナンバーが手にはいるのだ。

CHAPTER 1

STEP 1

MATRIX NUMBER

1

MATRIX NUMBER

10

太陽マークが出たらキミのマトリクスナンバーは1。月マークが出たらマトリクスナンバーは10ということになるぞ。

3 もし、10という計算結果が出たならもうワンステップ!!

結果が10と出たなら、ちょっと待て。キミのマトリクスナンバーを10とするのはまだ早い。なぜなら、10には、1と10の二つの意味が数秘《すうひ》的にかくされている。そのために、キミのマトリクスナンバーが1か10のどっちなのか、つぎのような方法で決めなくてはいけないのだ。

まず、30枚の数秘カードをよくシャッフルして裏面を上にしてかさねて置き、そして、「数秘マトリクスよ、わたしのマトリクスナンバーをお教えください」と念じて、いちばん上のカードをめくるのだ。

カードには、⊙という太陽マークか、☽という月マークのどちらかが描かれているはずだ。もし、キミのひいたカードに⊙の太陽マークが描かれていればキミのマトリクスナンバーは1だ。もし、月マーク☽が描かれていれば、キミのマトリクスナンバーは10ということになる!!

■マトリクスナンバーで何がわかるんだろう？

キミのマトリクスナンバーは無事見つけだすことができただろうか？　36ページのマトリクス・フォーメーションに忘れないように書きこんでおこう。

気になる異性のことも、そのコの誕生年月日がわかればマトリクスナンバーを計算することができるよ。

このマトリクスナンバーからキミのベーシックな運命や恋愛の相性などを、つぎのようにして占ってみよう!!

1 数秘カードからキミのマトリクスナンバーと同じ番号のカードを探そう。それがキミのいちばん大切な守護女神をしめすカードだ。さあ、キミの守護女神はだれ？

2 38ページからのMATRIX DATAで、キミの守護女神のページを読もう。キミのこと、そしてキミの恋と友情の秘密がわかるぞ。

カードナンバーはカードのここに書いてあるぞ

カードナンバーはイコール、マトリクスナンバーである。そして、このマトリクスナンバーはキミの守護女神が誰かを教えてくれる。

キミを守ってくれる8人のガ

■これは一度きりの儀式なのだ!!

　マトリクスナンバーが見つかったら、つぎは8人のガーディアン、つまり守護天使の役割を果たす女神たちを探しだそう。マトリクスナンバーによって決まった守護女神が、キミを大きくつつみこむような中心的な女神だとしたら、この8人のガーディアンたちは、恋愛や友情、健康といったテーマごとにキミを見守り、幸運を授ける役割をはたす女神たちなのだ。

　ガーディアン8人の見つけ方は、シャッフルした数秘カードをならべておこなう。誕生年月日からみちびきだしたマトリクスナンバーとちがって、これには霊感《れいかん》と偶然の要素がまじりあう。もしも2度おこなったら、それぞれ異なる結果が出てしまうだろう。だから、これは一度きりの儀式《ぎしき》としておこなわなくちゃいけない。ひとり静かに心を集中し、真剣におこなうのだ。

ーディアンを探しだそう!!

　結果が出たらすぐに36ページのマトリクス・フォーメーションに結果を書きこんでしまおう。
　それでは、探し始めるぞ!!　準備はいいかい？

1 まず、ひとりきりの場所で30枚のカードを目の前におき、カードナンバー1～10までの10枚を抜き出す。

2 キミのマトリクスナンバーと同じ番号のカード、つまり、キミの守護女神のカードをその10枚の中から取り出し、数秘マトリクス魔法陣のまん中におく。

3 残ったカードナンバー11～30までの20枚のカードをよくシャッフルして、たてよこ3列の魔法陣の1から順に裏面を上にしてならべていく。5の場所にはすでに守護女神のカードがおいてあるので、ここはとばして6

数秘マトリクスの魔法陣のまん中、つまり5番目にカードをおく場所に、あらかじめキミの守護女神のカードをおいておく。その後、カードナンバー11～30までのカードを1の位置から順にならべる。

STEP0で説明したように、魔法陣の位置にはそれぞれテーマがある。どこにカードがおかれたかで、ガーディアンのになうテーマが決まってくるのだ。

にカードをおき、また順番に9までカードをおく。

4 いまキミの目の前には守護女神カードを囲んで8枚のカードが裏面を見せてならべられているはずだ。その裏面になっているカードを、精神をまん中の守護女神に集中させながらすべてひっくり返して表側にしよう。そこに姿を見せた8人の女神こそがキミのガーディアンだ。

5 それぞれのカードがどの位置にあるかで、その女神が何のテーマのガーディアンかが決まる。たとえば、いちばん上の列の左端（魔法陣でいえば4の位置）にあるカードは、友情のガーディアンを表すことになる。36ページのマトリクス・フォーメーションに結果を書きこみながら、どの女神がどのテーマをになうのかを確かめていこう。

■テーマ別にガーディアン・メッセージを読もう

これで8人のガーディアンがすべて探し出せたわけだが、彼女たちからのアドバイスを知るには、100ページから始まるMATRIX DATAの、それぞれの女神のページを見ればいい。カードにしるされているナンバーで探そう。

たとえば、キミの恋愛のガーディアンが【歓喜《かんき》・ALEGRIAアレグリア】だったとしよう。このカードナンバーは17だから、MATRIX DATAのマトリクスナンバー17のページを探せばいい。ほら、そこにアレグリアの女神がいる。アレグリアはキミの恋愛のガーディアンだから、ここの**「テーマ別・キミのガーディアンからの助言と予言」**の「恋愛」の項目を読めば、キミの恋愛についての女神からのアドバイスを知ることができる。

そんなふうに、それぞれの女神がガーディアンとしての役割を果たすテーマの項目を読めばいいのだ。

キミのマトリクス・フォーメーション。キミ自身を表

これまでにわかったキミのマトリクスナンバー、そして8人のガーディアンたちを、ここに書きしるしておこう。パーソナライズは、これで終了だ。

キミのマトリクスナンバー
YOUR MATRIX NUMBER

キミのマトリクスナンバーを右の空欄に書きこもう。

10

キミの守護女神
YOUR MAIN GODDESS

キミの守護女神に印を書きこんでチェックしたら、それぞれのページにいって、**「マトリクスナンバーが教えるキミのこと」「マトリクスナンバーから知るキミの恋と友情」「テーマ別詳細フォーチュン」**を読んで、キミの運勢を知ろう!!

□	1	カオリ・ヴィーダ	KAORI VIDA	生命	p40
□	2	マリ・クレアシオン	MARI CREACION	創造	p46
□	3	ナツミ・フエーゴ	NATSUMI FUEGO	火	p52
□	4	ケイ・セレブロ	KEI CEREBRO	智	p58
□	5	ヒトミ・ティエラ	HITOMI TIERRA	大地	p64
□	6	マキ・アイレ	MAKI AIRE	風	p70
□	7	リカ・オーロ	RIKA ORO	黄金	p76
□	8	ノゾミ・シエラ	NOZOMI SIERRA	山	p82
□	9	アイ・レオ	AI RIO	大河	p88
□	10	ユーコ・フエンテ	YUKO FUENTE	泉	p94

す9枚のカードがこれだ!!

キミの8人のガーディアン
YOUR GUARDIANS

キミの8人のガーディアンの名前とカードナンバーを、それぞれのテーマの位置に書きしるそう。各テーマについての女神たちの助言や予言を知るためには、それぞれのガーディアンをつとめる女神のページにいき、**「テーマ別・キミのガーディアンからの助言と予言」**からそのガーディアンが担当するテーマ項目を読もう。**友情のガーディアンならその女神のページの「友情のガーディアン」の項目を、恋愛のガーディアンなら「恋愛のガーディアン」の項目をというようにね。**

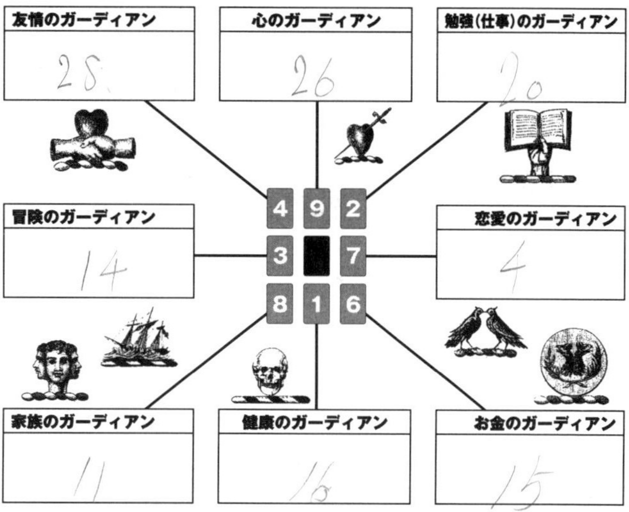

MATR DATA

30の守護女神

IX

マトリクス・データの読み方

ここからのページでは、キミのマトリクスナンバーが教えてくれる運勢と、ガーディアンによる助言や予言を知ることができる。1～10のマトリクスナンバーから、それぞれの守護女神のページでキミの総合的な運勢を知ることができる。また、キミの8人のガーディアンからの助言を知るためには100ページから始まる「テーマ別・キミのガーディアンからの助言と予言」で、それぞれがになうテーマ項目を読もう。

1

MATRIX NUMBER

[カオリ・ヴィーダ]

春、新しく芽生える木々や草花の生命を象徴する守護女神。
このカードを持つと気分が明るく生き生きとして、行動も機敏になる。

マトリクスナンバーが教えるキミのこと

シンボル：生命　キミのキャラクター：リーダーシップ

　自然とリーダーシップを発揮して、知らない間にグループの主役になっているのがキミだ。みんなからも頼りにされて、まとめ役をたのまれることもしょっちゅう。

　とはいえ、出しゃばりでも目立ちたがり屋でもないキミは、どちらかというと落ち着いていてもの静か。いろんな人ともなかよく、調和して行動ができる協調的な性格だ。

　でも、芯《しん》は強く、意外と強情《ごうじょう》だったりする。ときどきは、その強情さがもとで、友だちや家族と衝突《しょうとつ》したりすることも。でも、最後はもちまえのマイペースな性格で、自分の思うとおりにものごとを運んでしまう。

　ちょっぴり頑固なところや、潔癖性《けっぺきしょう》のところは少しだけ意識してコントロールしたほうがいいね。

マトリクスナンバーから知るキミの恋と友情

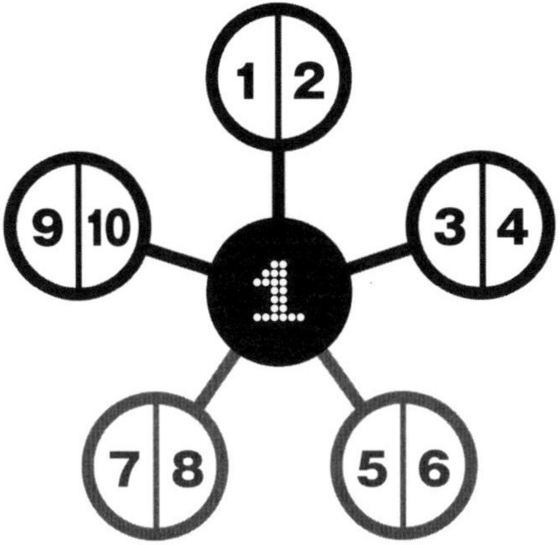

●下側のグレーの色のマトリクスナンバーを持つ相手とはハードだが実り多い関係になりやすい。上側の黒色のマトリクスナンバーを持つ相手とはすぐに仲良くなるがイージーな関係になりがちだ。

◆両思いになりやすい異性のマトリクスナンバー：1 2

◆片思いでも実り多い恋の相手のマトリクスナンバー：5 6

◆キミを助けてくれる友達のマトリクスナンバー：9 10

◆キミの弱点を直してくれる友達のマトリクスナンバー：7 8

キミのベストな恋人はマトリクスナンバー2を持つ異性から登場するかも。ナンバー3や4を持つ異性には妹(弟)みたいな感情をもちやすいぞ。

テーマ別詳細フォーチュン

HEALTH
[健康]

キミは木々や草花が新しい芽を吹く春の生命力に満ちている。いつも若々しく健康的な魅力でいっぱいだ。からだの調子が悪くなっても、いつの間にか自然に治ってしまう、そんな生命の息吹《いぶき》にあふれる健康運の持ち主がキミだ。

JOB
[勉強・仕事]

キミの独創《どくそう》的な才能を生かす、自由業やフリーの仕事がむいているかもしれない。作家、タレント、ゲームデザイナーなど、オリジナリティあふれる作品などをつくりだすジャンルがいいぞ。リーダーシップを発揮する性格で、面倒見もいいので、教師やコンサルタントなどという仕事もあっているよ。

ADVENTURE
[冒険]

キミはお金やモノよりも名誉を重んじる。まるでサムライかジャンヌ・ダルクみたいだね。そんなキミは冒険好きで、誰もチャレンジしようとしない困難なものにでも挑戦してしまう。それが失敗に終わっても、キミはすばらしい達成感に満足するのだ。

FRIEND
[友情]

どちらかというともの静かで落ち着いた感じのキミだけど、そのテキパキとした行動力や的確な判断力から、たくさんの友達から頼りにされるだろう。いろんな人から信頼され、仲間の輪のいつも中心にいるのがキミだ。でも、ときに見せる頑固さがもとで、友達とぶつかることもあるかもしれない。いったん衝突《しょうとつ》すると、キミは強情《ごうじょう》さを発揮して、なかなか仲直りができないかもしれない。そんなときは、相手をたてて自分を譲るようにしたほうがいい。

MONEY
[お金]

正直で、仕事などにも一生懸命なキミは、お金についても堅実《けんじつ》だ。無駄づかいもあまりしないし、計画的につかうタイプ。だから、もし、お金に困ったときがあっても、あせらずさわがず、マイペースでがんばれば自然とサイフの中身も元通りになるはず。

LOVE
[恋愛]

落ち着いてものやわらかなムードのキミはモテるタイプ。ひそかにキミに心をよせる異性が何人かはまわりにいるはず。でも、いざつきあい始めると、感受性《かんじゅせい》が強くデリケートなキミは、相手のイヤな面を見つけて許せなくなる。でも、そのイヤな面とは、実は自分の中にもあるものなのだ。相手を思いやり、受け入れることを学ぼう。

FAMILY
[家族]

いったん決めてしまったらテコでも動かない強情《ごうじょう》さから、家族と衝突《しょうとつ》することもたびたび。でも、心配しないで。キミはとても堅実《けんじつ》で、自分一人で道を切りひらく力がある。家族は、そんなキミのことをかならず理解してくれるはずだ。

SOUL
[心]

キミは不屈《ふくつ》の精神の持ち主だ。どんなことにもへこたれず、独立《どくりつ》独歩《どっぽ》で未来を切りひらいていく。そんなシンの強さがキミらしさだ。だから、落ちこんで悲しいときには、キミ自身の魂の奥底にひそむ強力なパワーに思いをやり、明日はきっと大丈夫だと元気に胸をはろうじゃないか!!

2

MATRIX NUMBER

[マリ・クレアシオン]

大地の下で激しくうずまく生命力、そして新しい生命の創造を象徴する守護女神。
このカードを持つと、なにごとにもねばり強く、集中力が増してくる。

マトリクスナンバーが教えるキミのこと

シンボル：創造　キミのキャラクター：ねばり強さ

おとなしそうに見えても、内面は火山のように熱くたぎっているのがキミだ。そんな内にかくした激しいエネルギーを燃やして、キミはねばり強く、いろんなものを創造し、成しとげていくのだ。

友達や恋人に対しても助けをおしまないし、自分のことなどかえりみず、相手につくす。だから、よきパートナーとしてキミは学校や職場でも人気者なはず。

また、キミのねばり強さとしんぼう強さは、ゆっくりながら、キミの個性をしだいに開花させ、キミの夢を確実にかなえていくだろう。

忍耐《にんたい》と集中力。そして独創《どくそう》的な発想。これがキミの武器だ。

CHAPTER 1

STEP 1 キミのマトリクスナンバーを

■誕生年月日からマトリクスナンバーをみちびき出そう!!

さて、「モー娘。占い」のかんたんな約束事がわかったところで、いよいよパーソナライズの開始だ。

まずは、キミの運命や性格、そして相性などのベーシックな運命がわかるマトリクスナンバーを見つけだそう。

方法はかんたん。つぎのようなやり方で、キミの誕生年月日の数字を一ケタずつたし算していき、最終的に10以下の数字をみちびき出すのだ。生年は西暦を使うよ。

では、例として、1990年12月1日生まれの人のマトリクスナンバーを出してみよう。1日の1は01と表すぞ。

1 最初に誕生年月日のぜんぶの数字をたす。

1+9+9+0+1+2+0+1=23

2 合計が11以上だったら、一ケタめと二ケタめの数字をたす。

2+3=5

CHAPTER 1

STEP 1

MATRIX NUMBER

1

MATRIX NUMBER

10

太陽マークが出たらキミのマトリクスナンバーは1。月マークが出たらマトリクスナンバーは10ということになるぞ。

3 もし、10という計算結果が出たならもうワンステップ!!

結果が10と出たなら、ちょっと待て。キミのマトリクスナンバーを10とするのはまだ早い。なぜなら、10には、1と10の二つの意味が数秘《すうひ》的にかくされている。そのために、キミのマトリクスナンバーが1か10のどっちなのか、つぎのような方法で決めなくてはいけないのだ。

まず、30枚の数秘カードをよくシャッフルして裏面を上にしてかさねて置き、そして、「数秘マトリクスよ、わたしのマトリクスナンバーをお教えください」と念じて、いちばん上のカードをめくるのだ。

カードには、⊙という太陽マークか、☽という月マークのどちらかが描かれているはずだ。もし、キミのひいたカードに⊙の太陽マークが描かれていればキミのマトリクスナンバーは1だ。もし、月マーク☽が描かれていれば、キミのマトリクスナンバーは10ということになる!!

キミを守ってくれる8人のガ

■これは一度きりの儀式なのだ!!

マトリクスナンバーが見つかったら、つぎは8人のガーディアン、つまり守護天使の役割を果たす女神たちを探しだそう。マトリクスナンバーによって決まった守護女神が、キミを大きくつつみこむような中心的な女神だとしたら、この8人のガーディアンたちは、恋愛や友情、健康といったテーマごとにキミを見守り、幸運を授ける役割をはたす女神たちなのだ。

ガーディアン8人の見つけ方は、シャッフルした数秘カードをならべておこなう。誕生年月日からみちびきだしたマトリクスナンバーとちがって、これには霊感《れいかん》と偶然の要素がまじりあう。もしも2度おこなったら、それぞれ異なる結果が出てしまうだろう。だから、これは一度きりの儀式《ぎしき》としておこなわなくちゃいけない。ひとり静かに心を集中し、真剣におこなうのだ。

STEP0で説明したように、魔法陣の位置にはそれぞれテーマがある。どこにカードがおかれたかで、ガーディアンのになうテーマが決まってくるのだ。

にカードをおき、また順番に9までカードをおく。

4いまキミの目の前には守護女神カードを囲んで8枚のカードが裏面を見せてならべられているはずだ。その裏面になっているカードを、精神をまん中の守護女神に集中させながらすべてひっくり返して表側にしよう。そこに姿を見せた8人の女神こそがキミのガーディアンだ。

5それぞれのカードがどの位置にあるかで、その女神が何のテーマのガーディアンかが決まる。たとえば、いちばん上の列の左端（魔法陣でいえば4の位置）にあるカードは、友情のガーディアンを表すことになる。36ページのマトリクス・フォーメーションに結果を書きこみながら、どの女神がどのテーマをになうのかを確かめていこう。

CHAPTER 1

キミのマトリクス・フォーメーション。キミ自身を表

これまでにわかったキミのマトリクスナンバー、そして8人のガーディアンたちを、ここに書きしるしておこう。パーソナライズは、これで終了だ。

キミのマトリクスナンバー
YOUR MATRIX NUMBER

キミのマトリクスナンバーを右の空欄に書きこもう。

10

キミの守護女神
YOUR MAIN GODDESS

キミの守護女神に印を書きこんでチェックしたら、それぞれのページにいって、**「マトリクスナンバーが教えるキミのこと」「マトリクスナンバーから知るキミの恋と友情」「テーマ別詳細フォーチュン」**を読んで、キミの運勢を知ろう!!

□	1	カオリ・ヴィーダ	KAORI VIDA	生命	p40
□	2	マリ・クレアシオン	MARI CREACION	創造	p46
□	3	ナツミ・フエーゴ	NATSUMI FUEGO	火	p52
□	4	ケイ・セレブロ	KEI CEREBRO	智	p58
□	5	ヒトミ・ティエラ	HITOMI TIERRA	大地	p64
□	6	マキ・アイレ	MAKI AIRE	風	p70
□	7	リカ・オーロ	RIKA ORO	黄金	p76
□	8	ノゾミ・シエラ	NOZOMI SIERRA	山	p82
□	9	アイ・レオ	AI RIO	大河	p88
□	10	ユーコ・フエンテ	YUKO FUENTE	泉	p94

MATR DATA

30の守護女神

1

MATRIX NUMBER

[カオリ・ヴィーダ]

春、新しく芽生える木々や草花の生命を象徴する守護女神。
このカードを持つと気分が明るく生き生きとして、行動も機敏になる。

マトリクスナンバーから知るキミの恋と友情

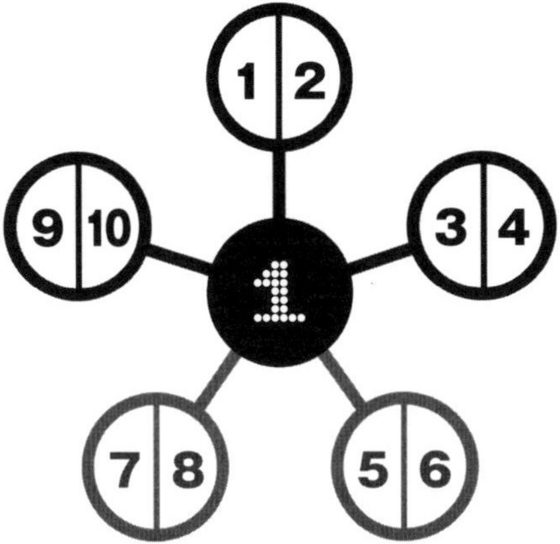

●下側のグレーの色のマトリクスナンバーを持つ相手とはハードだが実り多い関係になりやすい。上側の黒色のマトリクスナンバーを持つ相手とはすぐに仲良くなるがイージーな関係になりがちだ。

◆両思いになりやすい異性のマトリクスナンバー：1 2

◆片思いでも実り多い恋の相手のマトリクスナンバー：5 6

◆キミを助けてくれる友達のマトリクスナンバー：9 10

◆キミの弱点を直してくれる友達のマトリクスナンバー：7 8

キミのベストな恋人はマトリクスナンバー2を持つ異性から登場するかも。ナンバー3や4を持つ異性には妹（弟）みたいな感情をもちやすいぞ。

FRIEND
[友情]

どちらかというともの静かで落ち着いた感じのキミだけど、そのテキパキとした行動力や的確な判断力から、たくさんの友達から頼りにされるだろう。いろんな人から信頼され、仲間の輪のいつも中心にいるのがキミだ。でも、ときに見せる頑固さがもとで、友達とぶつかることもあるかもしれない。いったん衝突《しょうとつ》すると、キミは強情《ごうじょう》さを発揮して、なかなか仲直りができないかもしれない。そんなときは、相手をたてて自分を譲るようにしたほうがいい。

MONEY
[お金]

正直で、仕事などにも一生懸命なキミは、お金についても堅実《けんじつ》だ。無駄づかいもあまりしないし、計画的につかうタイプ。だから、もし、お金に困ったときがあっても、あせらずさわがず、マイペースでがんばれば自然とサイフの中身も元通りになるはず。

2

MATRIX NUMBER

[マリ・クレアシオン]

大地の下で激しくうずまく生命力、そして新しい生命の創造を象徴する守護女神。
このカードを持つと、なにごとにもねばり強く、集中力が増してくる。

マトリクスナンバーから知るキミの恋と友情

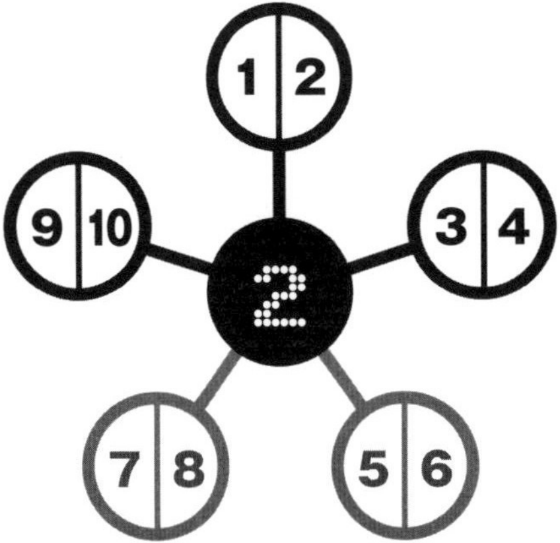

●下側のグレーの色のマトリクスナンバーを持つ相手とはハードだが実り多い関係になりやすい。上側の黒色のマトリクスナンバーを持つ相手とはすぐに仲良くなるがイージーな関係になりがちだ。

- 両思いになりやすい異性のマトリクスナンバー：1 2
- 片思いでも実り多い恋の相手のマトリクスナンバー：5 6
- キミを助けてくれる友達のマトリクスナンバー：9 10
- キミの弱点を直してくれる友達のマトリクスナンバー：7 8

キミの理想的な恋人はマトリクスナンバー1の異性かも。マトリクスナンバーが4の異性には、とことんキミはつくしてしまいそうだ。

マトリクスナンバーから知るキミの恋と友情

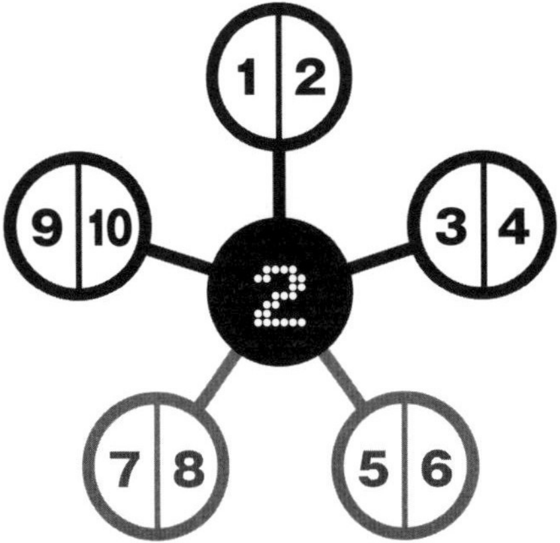

●下側のグレーの色のマトリクスナンバーを持つ相手とはハードだが実り多い関係になりやすい。上側の黒色のマトリクスナンバーを持つ相手とはすぐに仲良くなるがイージーな関係になりがちだ。

◆両思いになりやすい異性のマトリクスナンバー：1 2

◆片思いでも実り多い恋の相手のマトリクスナンバー：5 6

◆キミを助けてくれる友達のマトリクスナンバー：9 10

◆キミの弱点を直してくれる友達のマトリクスナンバー：7 8

キミの理想的な恋人はマトリクスナンバー1の異性かも。マトリクスナンバーが4の異性には、とことんキミはつくしてしまいそうだ。

テーマ別詳細フォーチュン

HEALTH
[健康]

春に新しい生命が誕生するような、創造のエネルギーがキミの健康の数秘マトリクス的シンボルだ。だから、つねに若々しく健康だし、病気の心配もいらないぞ。

JOB
[勉強・仕事]

集中力とねばり強さを身につければ勉強の成績も着実にアップ。職業としては、時代の先端をいくようなものが適しているかも。マスコミや広告なども面白いし、話題のIT（通信技術）関連の仕事もあっているぞ。秘書や外交官、スポーツのコーチといった、アシスタント的な仕事にもピッタリ。

ADVENTURE
[冒険]

もし、何か冒険をするのなら、誰かとコンビを組むとうまくいくだろう。たとえばキミの冒険を、大海原の航海にたとえるとしたら、ともに危険を乗り越えるための尊敬できる船長や航海士のような仲間がキミには必要だ。キミは彼らをよく補佐して、ともに冒険を成功させるだろう。

FRIEND
[友情]

学校でも、あるいは職場でも、キミをパートナーとして大事に思っている人がかならずいるはず。キミはそんな仲間のためならば、損得をぬきにして彼らを助けてがんばることができる。だから、仲間はそんなキミを、いつも頼もしいやつだと尊敬しているはずだ。中には、キミのことを地味な「縁の下の力持ち」とみなしている仲間もいるかもしれないが、気にするな。内面の激しさは誰にも負けないのだから。

MONEY
[お金]

お金を堅実《けんじつ》にコツコツ貯《た》めるタイプ。でも、使うときは驚くほど派手《はで》だったりする。必要だと思ったものなら、どんなに高価なものでも手に入れるのがキミだからだ。でも、それでいい。キミの場合、がまんは幸運を遠ざけるから。

LOVE
[恋愛]

好きになった相手のためなら、どんなにつらいことだっていとわない。それがキミの恋愛スタイルだ。相手はキミといるだけで心強く、安らかな気持ちになることができる。でも、ときどき、嫉妬《しっと》の気持ちをおさえられなくなることがある。キミが気をつけなくちゃいけないのは、この嫉妬心《しっとしん》だけだ。

FAMILY
[家族]

もし、家族におじいちゃんやおばあちゃんがいるのなら、彼らこそがキミの幸運を運んでくれる存在だ。キミの忍耐《にんたい》強さと集中力は、そんなキミの祖父や祖母からうけついだものかもしれない。でも、もしかすると家族の中の誰かが、キミがおとなしすぎるとか、他人を助けてばかりいるとか、とかく損をしていると思っているかもしれない。でも、気にするな。いつの日かかならずわかるはずだ。激しく創造《そうぞう》的な、ほんとうは熱いキミの真の姿を。

SOUL
[心]

キミの魂は美しく献身《けんしん》的な愛情でいっぱいだ。自分の損得を計算することもなく、相手にとって必要だと感じたことは、たとえ自分に不利益《ふりえき》なことでもしてしまう。キミはそんな心の持ち主だ。すばらしい。ただ、ひとつ気をつけてほしいのは、裏切られたと一度でも感じたら、そのとたんから際限《さいげん》もなく疑い深くなってしまうこと。しかたないけど、そんな否定的な感情は時間のムダでしかない。キミの献身という行為の美しさにいつだって汚れはないのだから、さっさと気持ちを切りかえることだ。

3

MATRIX NUMBER

[ナツミ・フエーゴ]

激しく華麗に燃えあがる火を象徴する守護女神。
このカードを持つと気分が華やかになり、なにごとにも積極的になる。

マトリクスナンバーが教えるキミのこと

シンボル：火　キミのキャラクター：華やかさ

なんにでも積極的で、明るく、いつも生き生きしている。そして、キミがそこにいるだけで、なにやら場が華《はな》やかな気分につつまれる。

感受性《かんじゅせい》も豊かで、センスもいいし、頭も切れる。もしかしたら、そんなキミは学校や職場でのアコガレの的《まと》かもしれないぞ。

ただし、ちょっぴりおっちょこちょいで、がまんすることがキライかも。あわてんぼなところも気になるぞ。

周囲からは、ちょっぴり派手《はで》かなと思われてるかもしれないが、遠慮《えんりょ》は無用。じっとしていることがニガ手なキミ。行動的な人生こそがキミに似つかわしい。

いつまでもチャーミングで人に愛されるキミでい続けることだろう。

マトリクスナンバーから知るキミの恋と友情

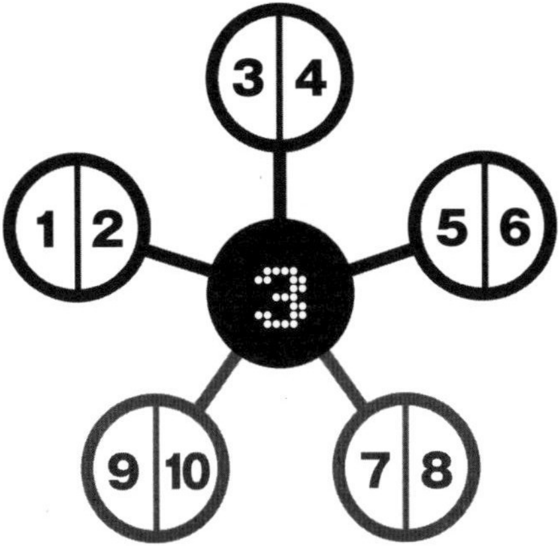

●下側のグレーの色のマトリクスナンバーを持つ相手とはハードだが実り多い関係になりやすい。上側の黒色のマトリクスナンバーを持つ相手とはすぐに仲良くなるがイージーな関係になりがちだ。

◆両思いになりやすい異性のマトリクスナンバー：3・4
◆片思いでも実り多い恋の相手のマトリクスナンバー：7・8
◆キミを助けてくれる友達のマトリクスナンバー：1・2
◆キミの弱点を直してくれる友達のマトリクスナンバー：9・10

楽しくウマが合う恋人はマトリクスナンバー4を持つ異性。5や6を持つ人とは自分が兄（姉）みたいな面倒見のいい関係になりやすいぞ。

テーマ別詳細フォーチュン

HEALTH
[健康]

キミの肉体には心臓や血管を表す「火」のシンボルが宿っている。なにごとにも活動的なキミの健康にはスポーツが重要な働きをする。持久力を必要とする競技がキミはキライかもしれないが、ジョギングや水泳などをするといいよ。

JOB
[勉強・仕事]

思い切り派手な仕事があっているかもしれない。芸能や報道、スポーツなど、自分が目立つ職業がキミのお望みかも。センスがいいキミだから、デザインやヘアメイクなどのジャンルにも適しているよ。

ADVENTURE
[冒険]

キミのシンボルは「火」で、季節の象徴《しょうちょう》は「夏」だ。そして、キミがあこがれるイメージは「美と知」。もし、人生で冒険があるとすれば、この美と知をめぐるものになるだろう。キミが探し求める美とはなんだろう？　知とはなんだろう？　それに思いをめぐらすことが、すでに冒険のはじまりなのかもしれない。

FRIEND
[友情]

明るく活発なキミのまわりには、いつもたくさんの友だちがいるはずだし、もし、今がそうでなかったとしても、そうなる運命にある。いざ積極的に行動すれば、キミにはたくさんの友だちがついてくるだろう。目立ちすぎだと悪口を言う仲間もいるかもしれないが、へこたれずにがんばろう。目立つことは悪いことじゃない。ただ、行動が派手《はで》になりすぎて、キミについてこられなくなった友だちへの配慮《はいりょ》も忘れないようにしよう。

MONEY
[お金]

お金はたまるけど、使うのも早いかもしれない。お金を使うこと自体は悪いことじゃないけれど、しっかり目的を決めて買い物するようにしよう。そんなふうに、ムダなもの、よけいなものを買いこまないように注意しさえすれば大丈夫だよ。

LOVE
[恋愛]

センスのある魅力的な人としてキミはモテモテかもしれない。キュートで人をひきつける力があるから、恋多きタイプかもしれないね。でも、恋がうまくいくかどうかは、キミしだい。短気だったり、がまん強くなかったりすれば、せっかくの恋もたちまちに逃げていくかも。がんばれ!!

FAMILY
[家族]

陽気なキミは家族の間でもにぎやかで楽しいやつと思われていることだろう。でも、キミのファッションや遊びなどが派手《はで》すぎると家族にいろいろ言われることもあるかもしれない。それがもとで家族と衝突《しょうとつ》することもあるだろうけど、大切なのは、それがキミ自身の個性なのだと家族に理解してもらうことだ。キミの派手さとは、実は「美」と「知性」のキミなりの自己表現なのだということを、あせらず、じっくりと家族に説得していこう。ゆっくり、時間をかけて、ね？

SOUL
[心]

キミの魂を一言でいえば、「真夏の燃えさかる太陽」ということになる。つねに自分自身で輝き、自分自身から行動を引き起こす。そんな主体的で積極的な心の持ち主だ。だから、もし、落ちこんだり、自信をなくしたりしたときがあったなら、そんな曇り空のような気分でいるのは自分の柄じゃないよと、自分をはげましてあげよう。自分の心の中には太陽のようなエネルギーがひそんでいるんだ、と。

4

MATRIX NUMBER

[ケイ・セレブロ]

ものごとを変革する創造的な智恵を象徴する守護女神。
このカードを持つと独創的な考えがひらめいたり、１日がスリリングなものになったりする。

マトリクスナンバーが教えるキミのこと

シンボル：智　キミのキャラクター：反逆精神

見た目はソフトで落ち着いているのに、意外に考え方は過激で複雑。つねに強いものや権威に挑戦する反逆《はんぎゃく》精神の持ち主でもある。

シンボルが「智」であることからわかるように、とても頭脳的で、ほんとうは勉強も得意なはず。でも、反逆精神のおかげで成績表は悪かったりするかもね。

クレバーだからお金もうけなどもうまいはずだし、毎日をスリリングに生きていたいという思いがあるので、退屈などしない。発想も豊かで独創《どくそう》的で、まわりがアッと驚くようなことを思いついたりする。

ちょっとヘソまがりで、せっかちなところもあるけれど、とにかく、生き生きとした楽しい毎日をおくることのできる運勢をもったキミなのだ。

マトリクスナンバーから知るキミの恋と友情

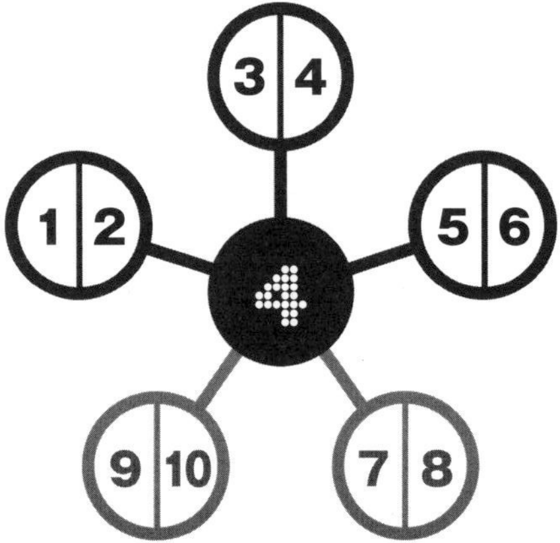

●下側のグレーの色のマトリクスナンバーを持つ相手とはハードだが実り多い関係になりやすい。上側の黒色のマトリクスナンバーを持つ相手とはすぐに仲良くなるがイージーな関係になりがちだ。

◆両思いになりやすい異性のマトリクスナンバー：3 4

◆片思いでも実り多い恋の相手のマトリクスナンバー：7 8

◆キミを助けてくれる友達のマトリクスナンバー：1 2

◆キミの弱点を直してくれる友達のマトリクスナンバー：9 10

マトリクスナンバー3の異性と恋に落ちやすいぞ。マトリクスナンバー5と6の異性は弟や妹みたいな感じでつきあうだろう。

テーマ別詳細フォーチュン

HEALTH
[健康]

肉体に「火」のエッセンスを宿すキミは、もともと活動的。したがってキミの健康もまたスポーツなどの生き生きとした活動によってもたらされる。季節でいえば夏がキミの肉体がもっとも調子がよくなるころ。暑さなんかに負けない強い肉体の持ち主だぞ。

JOB
[勉強・仕事]

華《はな》やかな職業にあこがれる傾向があり、実際、キミにはその能力がある。マスコミやファッションなどの業界で働くのもいいし、ホテルやデパートなどの華やかな場所で働くのもあっている。なかなか、自分のライフワークを見つけにくいかもしれないが、キミの知性と独創《どくそう》的な考え方にマッチしたやりがいのある仕事を、じっくりと探そうよ。

ADVENTURE
[冒険]

人生は冒険だ、毎日がスリリングなほうがいい。キミはそんなふうに思っているはず。そしてキミのその反逆《はんぎゃく》精神が知らぬ間にキミをさまざまな冒険へと連れ出すのだ。負けるな!!

FRIEND
[友情]

キミのそばにいると、いつもスリリングな体験ができる。そんなふうに思っている友だちがキミのまわりには大勢いるかもしれない。反逆《はんぎゃく》精神旺盛《おうせい》なキミだから、権威にたてついて喝采《かっさい》を得たりすることもしばしばで、キミの仲間もキミのそういうところが大好きだ。でも、一つ、気をつけてほしいのは、物事の結果をせっかちに求めるあまり、友だちにキミのイライラをぶつけたりしないように。そのキミの激しい感情は美しいけど、友だちにとっては強すぎたり、まぶしすぎたりすることもあるのだね。

MONEY
[お金]

お金の運はよいほう。ビジネスセンスがあり、クレバーだし、しかも独創《どくそう》的なやり方を見つけるのがじょうずだから、仕事で多くのお金を得ることができる。ただし、ムダづかいにはご用心。

LOVE
[恋愛]

恋多き人生を歩むことになるかもしれないキミ。たえず、理想の恋人を探し求めている。しかも、相手に求めるものが、他のコとずいぶん違うので、キミが恋人にする異性とはかなり個性的な人であるはずだ。でも、「青い鳥」じゃないけど、ときには遠い彼方ばかりじゃなく、隣にいる異性のことも見つめてみようね。

FAMILY
[家族]

キミを愛する家族といえども、ときとしてキミのその大胆《だいたん》で独創《どくそう》的な発想や考え方についていけないことがある。しかも、キミにはもともと、目上の人などの権威に対してムラムラと反抗心をもつことがあるから、なおさら両親や祖父母、親戚《しんせき》には誤解されやすいかもしれない。だが、がんばれ!! いつの日か、かならず家族はキミの個性、その独創性のすばらしさを理解するはずだから。

SOUL
[心]

ものごとの結果をせっかちに求めるあまり、誰かに対してイライラしたりすることがあったら、深呼吸をひとつして、こう考えてみよう。キミが求める理想は、キミ自身がつくりあげるもの、キミ自身が見つけだすべきものだ。キミが今イライラしているのは、自分自身がすべきことを他人にゆだねているからじゃないだろうか、と。キミ以外の誰かに、その心の底で燃え上がる熱情をぶつけてはいけない。その熱いエネルギーは他人ではなく、キミ自身が使わなくてはいけないのだ。キミの心にはそれだけのパワーがあるのだから。

5

MATRIX NUMBER

[ヒトミ・ティエラ]

すべてを支え、はぐくむ大地を象徴する守護女神。
このカードを持つとまわりから信頼され、公平な判断ができるようになる。

マトリクスナンバーが教えるキミのこと

シンボル：大地　**キミのキャラクター：あたたかさ**

キミはあたたかく、親しみやすく、まわりから強く信頼されているはずだ。万物《ばんぶつ》をはぐくむ「大地」がシンボルであるキミは、大きな包容力を心のエッセンスとして持っているからだ。

責任感も強く、たのまれたことはかならずやり遂げるし、逃げ出すことは、はずかしいことだと思っている。それがキミが信頼されるなによりの理由だ。

そんなキミは集団の中でもいつかかならずその頭角《とうかく》を現し、すばらしい実力の持ち主として尊敬を集めることだろう。

柔軟性ももっているので、常識や過去にとらわれず、新しい流行や価値観にじょうずに対応して行動できる。しかも、スランプになっても決してくじけず、マイペースで復活をとげる、強い精神力も持っているのだ!!

マトリクスナンバーから知るキミの恋と友情

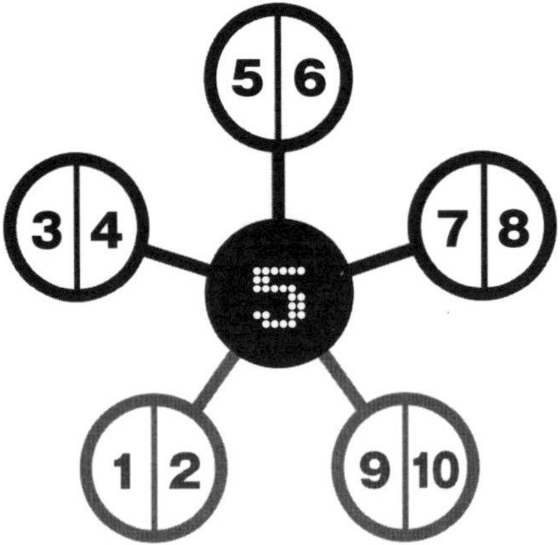

●下側のグレーの色のマトリクスナンバーを持つ相手とはハードだが実り多い関係になりやすい。上側の黒色のマトリクスナンバーを持つ相手とはすぐに仲良くなるがイージーな関係になりがちだ。

◆両思いになりやすい異性のマトリクスナンバー：5 6

◆片思いでも実り多い恋の相手のマトリクスナンバー：9 10

◆キミを助けてくれる友達のマトリクスナンバー：3 4

◆キミの弱点を直してくれる友達のマトリクスナンバー：1 2

キミの理想の恋人はマトリクスナンバー6の異性かもしれない。年下との恋ならマトリクスナンバー7や8の異性が最高だ。

テーマ別詳細フォーチュン

HEALTH
[健康]

キミのシンボルである「大地」は、四季を通じての温暖さというイメージをも表している。キミの肉体もまた、健康的で安定しているということだ。ただ、ちょっぴり意志が弱くなって、健康に悪いなんらかの習慣から脱出することができなかったりする。それだけは気をつけようね。

JOB
[勉強・仕事]

いろんな才能を持つ、キミはマルチ人間だ。チャンスとキミの意志しだいでは、どんな仕事でも成功できる可能性を持っている。キミのその穏やかさからすれば、人と関わる仕事が適職《てきしょく》かもしれない。マルチな才能を、とにかく最大限発揮してみよう!!

ADVENTURE
[冒険]

キミの冒険とは「両立」かもしれない。どれか一つに決めるのではなく、二つを同時に、あるいは三つのものをマルチにこなして、そのどれをも成功させること。時間はかかるかもしれないが、キミにはそれができるパワーがある。がんばれ!!

FRIEND
[友情]

気がつけば、まわりにキミに信頼を寄せる多くの仲間がいる。それがキミだ。キミの親しみやすさや、強い責任感が、たくさんの友情をキミにもたらすだろう。ひとつ気をつけなければいけない点をあげるとすれば、それは、キミの好き嫌いの激しさかもしれない。友だちに対して、その好き嫌いが出た場合、友だちを傷つけることになる。責任感が強い反面、いったん、友人に対して否定的な感情を持つと、なかなかその気持ちを切りかえることができないところがキミにはあるのだ。友人が深く傷つく前に、キミのその気持ちをプラスの方向に向けるように努力しよう。

MONEY
[お金]

お金に心配しなくてもいい運勢。気がつけば、つねに必要なお金がそばにあるという感じ。とはいえ、キミのマルチな才能がマイナスに働くと、決断力がにぶり、ムダな買い物をたくさんしてしまい、結果的に浪費になってしまうことがある。気をつけようね。

LOVE
[恋愛]

キミは異性に対する好みがちょっぴりうるさい。しかも、あのコじゃないとダメ、といったん決めてしまうと、他のコは目に入らなくなる。それはそれでハッピーなことだけど、もしかすると、ほんとうにハッピーになれる相手は、別の場所にいるかも……。よお〜っく、まわりを見まわしてみよう。

FAMILY
[家族]

家族に対しても穏やかでやさしいキミ。そんなキミを家族もまた自慢に思っているはず。キミが絶不調の大スランプにおちいっても、家族は、ひとりで立ち直れる力をキミが持っていることを知っている。だから、あえて手をさしのべないことも。そんな家族のキミへの強い信頼も忘れないでいたいね。

SOUL
[心]

穏やかで大きな包容力、そして公平な判断力。それがキミの特徴だ。そんなキミの心の美しさを、ときとしてくもらせるもの、それが優柔不断《ゆうじゅうふだん》さだ。公正さを求めるあまり、なにが正しく、なにが間違っているのか迷うときがある。でも、そんなときはインスピレーションを大事に、おそれることなく素早い結論を出すようにしよう。自分を信じることが何よりも大切なのだ。

6

MATRIX NUMBER

[マキ・アイレ]

さわやかな風、やさしくそよぐ風を象徴する守護女神。
このカードを持つと人の心がよくわかり、とても優しい気持ちになれる。

マトリクスナンバーが教えるキミのこと

シンボル：風　**キミのキャラクター：繊細な感受性**

他人にとても親切で、何かを頼まれるとイヤとはいえないのがキミだ。

ときとして神経質なほど繊細な感受性を持ち、他人の悲しみや苦しみなどにとても敏感で、だまって見ていることができないのだ。しかも、不公正なことが行われたりすれば、血気盛んに猛抗議したりといった正義感の持ち主でもある。

とても親切で、気前もよく、面倒見もすこぶるよいキミだが、同情や共感が強すぎて、自分を見失うこともときどきだ。

他人を助けるためには、まず、自分自身がしっかりと大地を踏みしめて立っていることが大事なのだということも忘れずにね。

マトリクスナンバーから知るキミの恋と友情

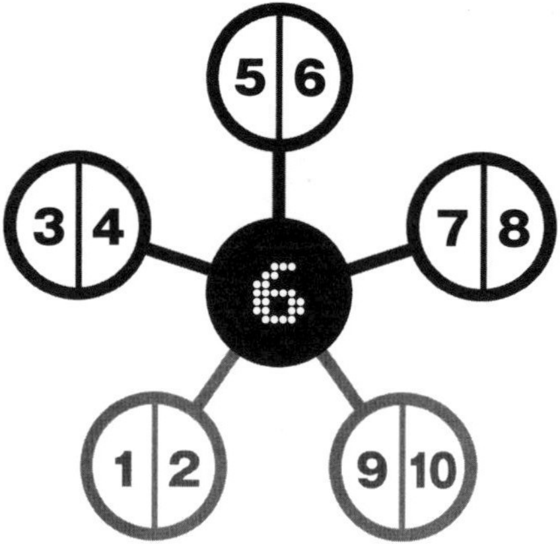

●下側のグレーの色のマトリクスナンバーを持つ相手とはハードだが実り多い関係になりやすい。上側の黒色のマトリクスナンバーを持つ相手とはすぐに仲良くなるがイージーな関係になりがちだ。

◆両思いになりやすい異性のマトリクスナンバー：5 6

◆片思いでも実り多い恋の相手のマトリクスナンバー：9 10

◆キミを助けてくれる友達のマトリクスナンバー：3 4

◆キミの弱点を直してくれる友達のマトリクスナンバー：1 2

最高の恋人はマトリクスナンバー5の異性の中から出現するはず。マトリクスナンバー7や8の異性も年下なら相性ピッタリかも。

テーマ別詳細フォーチュン

HEALTH
[健康]

とても繊細で優しいキミだが、健康面では繊細というよりは図太《ずぶと》いかも。特に胃腸が丈夫。ただし、健康に悪い食べ物や飲み物を取りすぎる悪い習慣をつけないように注意しよう。

JOB
[勉強・仕事]

いろんな才能をキミは持っている。学校ではどんな科目の成績もよいはずだし、社会人ならばどんな職業についてもうまくいくはず。自分自身のマルチな才能を独力《どくりょく》で切りひらき、成功を手にするパワーをキミはもともと持っているのだ。ちょっとした失敗などにクヨクヨせずに、自分を信じてがんばろう!!

ADVENTURE
[冒険]

キミはさまざまなことに興味と関心があり、自分を表現することにも大きな興味がある。そのすべてを満たす職業を探すとえいば、芸術家。キミの人生における冒険とは、キミの人生の中に、そんな芸術家的要素をいかに取り込むかということかもしれない。挑戦しがいはあるぞ。

FRIEND
[友情]

キミに恋愛を相談したり、家族や職場での悩みをうち明けたりと、キミの友だちはキミの優しさにぞっこんだ。いわゆる、太《ふと》っ腹《ばら》なところがあり、気前もいいので、仲良しの友だちもたくさんできるだろう。ただし、あまりに神経質になったり、正義感にとらわれすぎたりは禁物。友だちをもっと包み込むような気持ちも大事だ。キミはそういう包容力をもともと持っているのだから。

MONEY
[お金]

お金にたいしてもキミは「繊細」。きちんとお金の支出を管理できるし、ムダづかいはあまりしないだろう。友だちを助けるためにお金をつかうこともありそうだけど、総じて安心していいみたいだね、キミは。

LOVE
[恋愛]

情にもろいキミの恋は、そんな同情や共感からスタートするかもしれない。いったん相手のことが好きになると、その人のことしか目に入らなくなる。しかも、相手のためなら何でもしてあげて、とことん尽くしちゃうというところがある。それはそれでハッピーだけど、恋を長もちさせるにはギブ&テイクという面も大事だよ。

FAMILY
[家族]

神経質で人情家《にんじょうか》のキミを家族は、優しく支えてくれているはずだ。そんな家族にキミは心おきなく甘えられる。家の外で友だちを助けるキミを、家では家族が助け、サポートしているというわけだ。キミの家族への甘えは、ときとしてわがままに映ることもあるかもしれない。そんなときは、てれずに家族への感謝を伝え、わがままに思われたキミの行動をあやまろうじゃないか。

SOUL
[心]

他人への共感の力にあふれた、いわば優しさの共鳴板《きょうめいばん》のような心の持ち主、それがキミだ。そんな繊細さを持っていることは、ときとして重荷だったりする。他人を助ける前に、自分自身を助ける必要があるのに、つい、他人を優先してしまうときなど、そんな負担だという気持ちが強くなる。だから、ときには、他人よりも先に自分自身に優しくしてあげよう。それが、キミへのキミ自身のごほうびだし、周囲の人々も理解してくれるはずだ。

7

MATRIX NUMBER

[リカ・オーロ]

永遠に輝きを失わない黄金を象徴する守護女神。
このカードを持つと強い意志力が身につき、勇気のある行動ができる。

マトリクスナンバーが教えるキミのこと

シンボル：黄金　キミのキャラクター：強い意志

どんな困難にぶちあたってもへこたれることなく、果敢《かかん》に前進を続ける強い意志力の持ち主がキミだ。

忍耐力があり、行動力もずば抜けている。いわば、「一途《いちず》」という言葉がピッタリなのがキミなのだ。

とにかく、何があっても一歩もあとには引かない。まさに「強情」そのもの。

生活力という面でも、この強い意志は発揮され、どんな国、どんな状況でも、くじけず、元気に暮らしていけるパワーを持っている。

とはいえ、感性はデリケートで涙もろかったりもして、その、裏表のないあけっぴろげな性格も魅力的だ。

マトリクスナンバーから知るキミの恋と友情

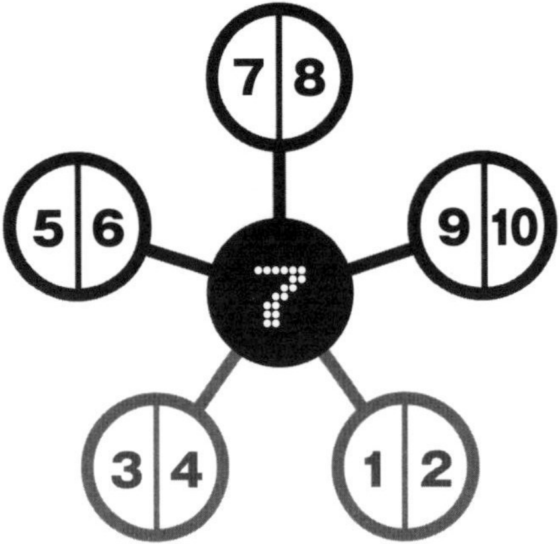

●下側のグレーの色のマトリクスナンバーを持つ相手とはハードだが実り多い関係になりやすい。上側の黒色のマトリクスナンバーを持つ相手とはすぐに仲良くなるがイージーな関係になりがちだ。

◆両思いになりやすい異性のマトリクスナンバー： 7 8

◆片思いでも実り多い恋の相手のマトリクスナンバー： 1 2

◆キミを助けてくれる友達のマトリクスナンバー： 5 6

◆キミの弱点を直してくれる友達のマトリクスナンバー： 3 4

特にマトリクスナンバー8の異性と恋愛関係になりやすい。年下ならマトリクスナンバー9か10のコとうまくいく可能性大。

テーマ別詳細フォーチュン

HEALTH
[健康]

「黄金」がシンボルであるキミの肉体は、生命力にあふれている。そのために病気になりにくく、もし具合いを悪くしてもアッという間に快復するはず。とにかく、野生の動物のような力強い生命エネルギーに満ちあふれているのがキミなのだ。

JOB
[勉強・仕事]

一途《いちず》でまっすぐな気持ちでいるキミは、コツコツ努力して少しずつ積み上げていくような勉強もうまくやりとげるはずだし、もしキミが社会人なら、長い時間をかけて成しとげる研究開発といった仕事もやってのけるはずだ。チャレンジ精神旺盛《おうせい》なキミは、どんな仕事にも果敢《かかん》に取り組み、そのシャープな頭脳でかならずや成功を勝ち取るにちがいないぞ。

ADVENTURE
[冒険]

どんな荒波にも負けずに突き進んでいく。それがキミという人間のエッセンスだ。だから、人生におけるどんな冒険にもキミはくじけることはないだろう。自信をもって進め!!

FRIEND
[友情]

“竹を割ったような性格”という言葉がピッタリのキミのまわりの友だちは、そんなキミの裏表のないところが大好きだ。仲間はキミを信じて、キミに期待している。ただ一つ、気をつけてほしいのは、強い意志力の持ち主であるキミは他人との妥協《だきょう》を嫌うために、キミからうとまれていると誤解する仲間が出てくるかもしれないということだ。もちろん、安易な妥協になんの意味もないが、相手にきちんと説明し、理解してもらうことは大切だよ。

MONEY
[お金]

「黄金」というシンボル通り、お金に困ることはあまりないだろう。生活力があるから、どんな経済的苦境《くきょう》にさらされても、かならず最後には立ち直るはずだ。

LOVE
[恋愛]

キミの積極性は恋愛においても100%発揮されるはず。押しの一手で理想の異性をゲット。その後も一途《いちず》に思い続ける。しかもウソもつけない。一つだけ注意点をあげるとすれば、キミの意地っ張りがもとでケンカになるかもしれないということ。ときには相手に妥協することも大事だよ。

FAMILY
[家族]

家族はキミの意志力の強さにいちもくおいているはず。でも、それだからこそ、キミがひとたび自信をなくしたりすると、がっかりするあまり、キミにきつい一言をお見舞いする場合も。でも、それも家族のみんながキミを信じ、愛するからだ。わかっているとは思うけどネ。

SOUL
[心]

黄金のように硬く、美しく輝く心。それがキミのシンボルだ。つねに前進だけがあり、後退を潔《いさぎよ》しとしないのがキミである。そして、そのためには努力もおしまない。でも、そんなキミだからこそ、ときどきは疲れはて、休息がむしょうにほしくなる瞬間がある。でも、周囲はそんな足踏みするキミが信じられない。キミの休息は、周囲には後退に見えるからなんだ。もちろん、休息と後退とはちがう。それはキミ自身がよく知っている。だから、疲れはいやそう。しっかりと休息をとろう。キミはいつも100%がんばってきたのだから。

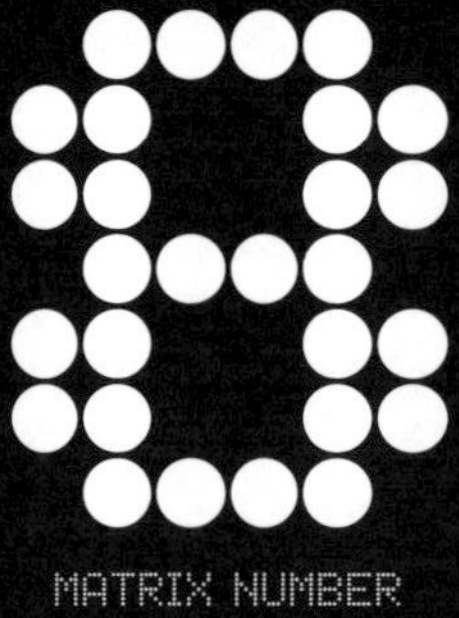

[ノゾミ・シエラ]

空に向かってのびあがる巨大な山を象徴する守護女神。
このカードを持つとねばり強くなり、決意を貫き通す意志力と誠実さが発揮される。

マトリクスナンバーが教えるキミのこと

シンボル：山　キミのキャラクター：誠実

目標が決まれば実現するまであきらめない、そんな意志の強さと誠実さをもっているのがキミだ。まさにシンボルの「山」のように、こうと決めたらテコでも動かないのだ。

一方でクリエイティブな才能にもあふれていて、発想がとても個性的。

一見、とっつきにくい性格に見えるのだけれど、つきあってみるとユーモアがあって面白いやつだということがすぐわかる。話題も豊富でいっしょにいて楽しい。

また、たえず目標を高くおき、それに向かって努力するという向上心も旺盛《おうせい》で、いい意味でいつも“発展途上《はってんとじょう》”にいるのがキミだ。

マトリクスナンバーから知るキミの恋と友情

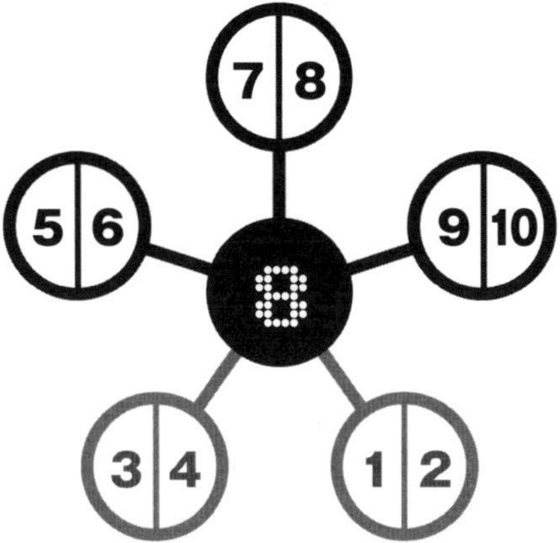

●下側のグレーの色のマトリクスナンバーを持つ相手とはハードだが実り多い関係になりやすい。上側の黒色のマトリクスナンバーを持つ相手とはすぐに仲良くなるがイージーな関係になりがちだ。

◆両思いになりやすい異性のマトリクスナンバー：7 8

◆片思いでも実り多い恋の相手のマトリクスナンバー：1 2

◆キミを助けてくれる友達のマトリクスナンバー：5 6

◆キミの弱点を直してくれる友達のマトリクスナンバー：3 4

マトリクスナンバー7の異性には注目。キミの理想の恋人かも。マトリクスナンバー9か10の年下のコにも注目だよ。

テーマ別詳細フォーチュン

HEALTH
[健康]

キミは健康で強い心肺《しんぱい》能力を持っているはず。もし、万が一、体の具合を悪くしても、キミのシンボルである「山」のように、どっしりとかまえて、誠実に健康回復につとめればかならずよくなるはずだ。

JOB
[勉強・仕事]

クリエイティブな才能の持ち主なので、学校の授業でも、そんな創造性を生かせる科目や課題が得意なはず。仕事では、キミの個性と知性を生かす職業が最高だ。作家や画家、カメラマンといったアーティストもいいぞ。また、金属や機械に関係したエンジニアや建築の設計など、シンボルの「山」が暗示《あんじ》するメタリックなイメージの仕事もあっている。

ADVENTURE
[冒険]

キミが人生でこれが冒険だと感じることがあるとすれば、それは実は人間関係にあるかも。意外と社交性が弱点なのがキミ。いかにして社交的な人間に変身するか。それこそがキミの冒険だ。

FRIEND
[友情]

キミは仲間意識がとても強く、友だち間の結束はとても固いはず。友だちはみんな気の合う相手ばかりで、その輪の中にいるだけでキミはリラックスでき、ハッピーに感じる。でも、キミがニガテとしているタイプの人間にも、キミにとって重要な意味を持つことになる人もいるかもしれない。いろんなタイプの友だちがいてこそ、キミはもっともっと大きく成長できるのだ。

MONEY
[お金]

お金の運は基本的によい。シンボルが「山」なので、経済的な変動は少ないはずだ。安心だね。

LOVE
[恋愛]

キミの誠実さは恋愛でも発揮され、相手はそのキミの正直さにうたれるはず。とにかく真正面から恋愛攻勢《こうせい》をかけるのがキミの主義。いざ、つきあい始めても、その誠実さはかわらず、相手のことを精一杯に思いやることだろう。ただし、気をつけたいのは、ちょっぴり融通《ゆうづう》がきかないときがあること。デートのときなど、もう少し、相手のペースにあわせたほうがよいこともあるぞ。

FAMILY
[家族]

キミの家族は友だちどうしのような仲良し家族かもしれない。そのぶん、ひとたび兄弟ゲンカをすれば、仲直りに意外と時間がかかる。自分のほうが正しいと、いつも自分の立場を主張してしまうキミだから、ここは、キミのほうから折れていったほうがいいかもね。

SOUL
[心]

ストレートで、創造性にもあふれ、深い優しさをそなえるキミの心。たえず前方だけをまっすぐ見つめて歩き続ける、そんなキミは、ときどき周囲が見えなくなることがある。もし、何かトラブルがおきるとすれば、それは、この前だけを見つめすぎることに原因があったりする。もちろん、前方を見すえることは悪いことではなく、とても大事なことなのだが、ときには立ち止まり、キミの横やうしろにいる人々が何を考えているのかに静かに思いをはせることも大切だ。それが、ひいてはキミという人間を周囲にもっとよく理解してもらうことにつながるはずなのだから。

9

MATRIX NUMBER

[アイ・リオ]

大地に恵みをもたらす大河を象徴する守護女神。
このカードを持つと直感にさえ、心のおもむくままに行動ができる。

マトリクスナンバーが教えるキミのこと

シンボル：大河　**キミのキャラクター：ひらめき**

　感受性が豊かで、勘《かん》がするどい、いわば直感型の人間で、そのひらめきは、1を聞いて10を知るというほどのすばらしさ。

　活動的で、その行動パターンもやっぱり、ひらめき型。理屈よりも自分自身の直感を大事に行動する。

　自分の直感や感性に自信があるので、ここぞと思ったときには、周囲がなんと思おうと、自分の思ったとおりの行動をとる。しかも、キミの予想が正しいときのほうが圧倒的に多い。

　シンボルの「大河」を流れる水のように、ひとつの形にこだわらず、自由な発想と考えができるのもキミの特徴だ。

　また社交性にも富んでいるので、目上の人など、たくさんの人の応援や協力を得ることができるだろう。

マトリクスナンバーから知るキミの恋と友情

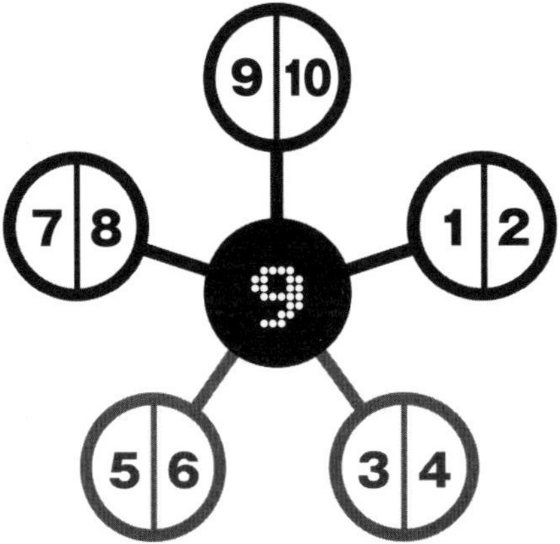

●下側のグレーの色のマトリクスナンバーを持つ相手とはハードだが実り多い関係になりやすい。上側の黒色のマトリクスナンバーを持つ相手とはすぐに仲良くなるがイージーな関係になりがちだ。

◆両思いになりやすい異性のマトリクスナンバー：9 10
◆片思いでも実り多い恋の相手のマトリクスナンバー：3 4
◆キミを助けてくれる友達のマトリクスナンバー：7 8
◆キミの弱点を直してくれる友達のマトリクスナンバー：5 6

キミの理想の恋人はマトリクスナンバー10の異性であることが多いぞ。ちなみにマトリクスナンバー1と2の異性は妹（弟）感覚。

テーマ別詳細フォーチュン

HEALTH
[健康]

しっかりとした肉体をもち、骨格が丈夫。季節では夏よりも冬のほうがカラダの調子がいいはず。自分のカラダの状態を直感的に知ることができるキミだから、ひらめきに忠実に、休むべきだと思ったときにはカラダをしっかり休ませたほうがいい。

JOB
[勉強・仕事]

キミのそのすぐれた直感と柔軟性を勉強や仕事にじょうずに生かしたほうがいい。企画やデザインといった、無から有を創り出すような創造的な仕事もキミには楽しいだろう。芸術や芸能といったジャンルにも適しているかも。

ADVENTURE
[冒険]

これがビッグチャンスだとキミが直感したとき、キミの冒険が始まる。それは一つの賭けだ。でも、キミの直感を信じ、勇気をもって行動すれば、キミは驚くほどの進歩と成功を手に入れることができるはずだ。

FRIEND
[友情]

社交的なキミにはたくさんの友だちがいるだろう。ところが、実はかなりの寂《さび》しがり屋。周囲から見ると、明るく、楽しそうに振る舞っているキミだが、ほんとうは孤独感にさいなまれていたり。でも、大丈夫。ほら、ふと顔をあげれば、親友がほほえんでいるよ。大事なのは、友だちの数じゃないものね。

MONEY
[お金]

お金には基本的に困らないが、浪費《ろうひ》には気をつけたいね。シンボルが水タイプのキミは、たくさんお金が入っても、その分、ムダづかいで出ていく可能性もちょっぴりあるからだ。でも、あんまり心配することもないけどね。

LOVE
[恋愛]

「この人だ!!」というひらめきで一目惚《ひとめぼ》れ。そんな恋愛パターンが多いかも。寂しがり屋だから、つきあい始めると、いつもいっしょにいないと気がすまないかもしれない。でも、あんまり束縛《そくばく》してはいけないよ。「大河」は流れが強すぎると洪水になるように、ゆきすぎは相手を悲しませるだけだから。

FAMILY
[家族]

家族が大好きでたまらないキミだけど、ときどきは、なぜか、その家族の中にいてさえ孤独感を感じることがある。もちろん、家族がキミを無視しているわけでもなんでもない。キミ自身の寂《さび》しがり屋な部分がそう思わせるだけだ。それだけキミは、家族のことをかけがいのない存在だと思っているのかもしれないね。

SOUL
[心]

シンボルの「大河」のようなキミの心。柔軟で、型にはめられることなく、直感に忠実で、自由なキミの精神。でも、熱しやすく、冷めやすいところも、ちょっぴりだけど、あるかもしれない。川の流れのように、つねに同じ姿ではありえないから、気持ちがさまざまに移り変わるのは当然のことだけど、ときには、不変《ふへん》なもの、永遠に変わらないものに思いをはせるようにするといい。そういう思いが、キミを大きく成長させることだろう。

10

MATRIX NUMBER

[ユーコ・フエンテ]

清らかな水がわき出る泉を象徴する守護女神。
このカードを持つと知力に優れて思慮深く、行動も堅実になる。

マトリクスナンバーが教えるキミのこと

シンボル：泉　キミのキャラクター：思慮《しりょ》深さ

すべてに対してじっくりとかまえ、思慮深く行動するのがキミだ。しかも、とても辛抱《しんぼう》強く、どんな障害が待ち受けていようと、かならずそれを克服し、乗り越えるパワーを持っている。

知的で、器用でもあるキミには、大きな失敗や挫折《ざせつ》は無縁かもしれない。

キミのシンボルである泉から澄んで清らかな水がわき出るように、キミの周囲には静けさや落ち着いた雰囲気がただよい、人をほっと安心させる。

ただし、その落ち着きが、キミのことを行動的じゃない消極的な人間と周囲に誤解させることもある。でも、あまり気にしないほうがいい。慎重さと消極性とは、まるっきり違うのだから。それはキミが出すだろうすばらしい結果が証明してくれる。

マトリクスナンバーから知るキミの恋と友情

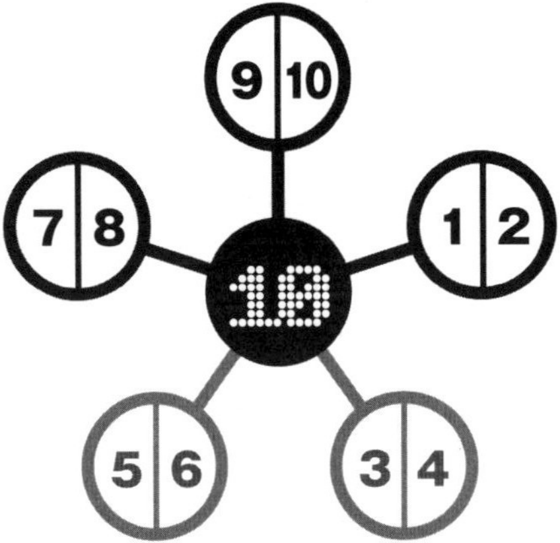

●下側のグレーの色のマトリクスナンバーを持つ相手とはハードだが実り多い関係になりやすい。上側の黒色のマトリクスナンバーを持つ相手とはすぐに仲良くなるがイージーな関係になりがちだ。

◆両思いになりやすい異性のマトリクスナンバー：9 10

◆片思いでも実り多い恋の相手のマトリクスナンバー：3 4

◆キミを助けてくれる友達のマトリクスナンバー：7 8

◆キミの弱点を直してくれる友達のマトリクスナンバー：5 6

マトリクスナンバー9の異性に大注目。最高の出会いになるかも。マトリクスナンバー1と2も恋人候補として要チェックだよ。

テーマ別詳細フォーチュン

HEALTH
[健康]

もしかするとキミはきゃしゃな感じの人で、そのために、カラダが弱いと思われているかもしれない。でも、だいじょうぶ。カラダの内側は清らかで、健康そのものだ。もし、調子をおとしたりしても、すぐに本来の健康を取り戻せるはずだから心配無用だ。

JOB
[勉強・仕事]

思慮《しりょ》深く、慎重なので、学校では試験などで抜群の力を発揮するはず。仕事でも、目上の人から大きな信頼を得て、大活躍することだろう。知的で器用なので、どんな職業でも成功するだろう。このマトリクスナンバーには大器晩成《たいきばんせい》型の人も多い。

ADVENTURE
[冒険]

石橋をたたいて渡る慎重派のキミにとっての冒険とは、まさしく、石橋をたたかずに渡ること。実際、キミの内面には、一か八かの大きな賭けに出ようとする大胆さがひそんでいる。ふだん、それは心の奥深くに隠れているが、いざ、勝負というときに、この大胆さが頭をもたげる。そしてそれがキミの大冒険となる。

FRIEND
[友情]

キミの安定感や落ち着きにひかれた、たくさんの友だちがキミのまわりにはいることだろう。先輩などの目上にも好かれるキミには、年上の友人も多いことだろう。ただ、キミ自身から積極的に友だちから悩みを聞いてあげたり、アドバイスをしたりということがあまりないかもしれない。ときどきは、キミ自身から友だちのほうにグ～ッと近づいていくと、もっともっとお互いの友情が深まるぞ。

MONEY
[お金]

お金についても慎重に計画的に管理するキミのことだから、経済的な心配はあまり必要ないかも。たとえ、経済的に困ったことに出会っても、見かけからは想像もできないような大胆なやり方でキミは克服するにちがいない。

LOVE
[恋愛]

好きになってもすぐに告白したりせず、遠くからタメ息をつきながら見つめているキミ。これは慎重というよりは純情ってやつだ。もしも断られたらと思うと、なかなか気持ちを伝えられない。でも、大丈夫。思慮《しりょ》深いキミの告白こそが、何よりも強烈なパンチとなる。恋愛に石橋をたたいているヒマはないぞ!!

FAMILY
[家族]

家族はキミのことをとてもよく理解しているにちがいない。でも、ときとして、キミのその落ち着きや慎重さのせいで、キミが積極性に欠けていると思われるかもしれない。家族にそう思われるのは、ちょっぴり悲しいが、ここは結果で示そう。実際、キミには隠された大胆さとともに、すばらしいパワーがそなわっている。ただし、あせりは禁物だよ。

SOUL
[心]

キミのシンボルである「泉」とは、川のようにさまざまな大地を流れることなく、一カ所にとどまりつつも、たえず清らかで澄んだ水をわきあげる。川の水はよどんだり、にごったりもするが、泉の水は美しいままである。キミの心とは、そんな泉に似ている。地味に思われもするが、美しさは何ものにもまさる。キミは、そんな清らかな自分自身に誇りと自信を持って生きよう。

11

MATRIX NUMBER

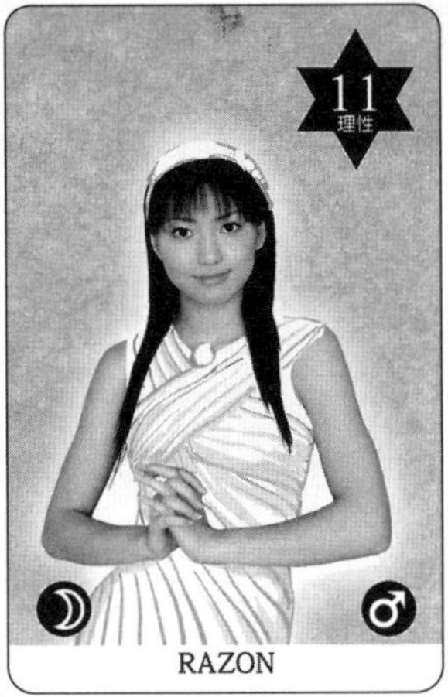

[ラソーン]

理性を象徴する女神。
このカードを持つと冷静な行動ができる。

テーマ別・キミのガーディアンからの助言と予言

HEALTH
[健康のガーディアン]

寒さ、湿気、雨、雪、霧といった水に関連したものが、キミの健康のキーを握っているのかもしれない。十分に注意をしよう。

JOB
[勉強・仕事のガーディアン]

一瞬の思いつきや、直感などに頼りすぎるのは禁物。また、興味や関心があちこちに移りすぎる点にも注意しよう。とはいえ、キミの長所は一方で、そういう柔軟さにあるのだから、要はバランスが肝心ということだね。さて、勉強・仕事でのキミのラッキーアイテムは万年筆やインク、ペンキといった水に関係したものだ。試験の答案は万年筆で書く？　いや、それはやっぱりやめといたほうがいいよ。

ADVENTURE
[冒険のガーディアン]

冒険の舞台は、まさしく、海や川といった水に関係した場所になりやすい。なにかしら、ハリウッド映画ぽくてカッコイイかも？

FRIEND
[友情のガーディアン]

もしも親友に秘密にしていることがあったなら、なるべく、その秘密を明かしたほうがうまくいく。もちろん、秘密の種類にもよるけれどね。いずれにしても、隠し事のない友だち関係がベストであることはいうまでもない。

MONEY
[お金のガーディアン]

飲み物とか、海とか、水に関係したことでムダなお金を使いやすい。気をつけよう。ただし、水に関連したものから大きなチャンスも生まれるので、見極めはとてもむずかしい。ウ～ム……。さて、キミのラッキーナンバーは1。ラッキーカラーは黒。これが金運上昇のためのキーだよ。

LOVE
[恋愛のガーディアン]

誰にも知られたくない、秘密の恋愛になりやすい。もちろん、それが悪いことだという意味ではない。そのほうが楽しかったり、ワクワクしたりするしね。ただ、友だちにバレたときは、堂々と祝ってもらう度胸《どきょう》だけは用意しておこう。

FAMILY
[家族のガーディアン]

たとえどんなに明るい家族でも、ときには暗く落ち込むことだってある。そんなときは、夕食に魚や貝など、海や川に関係したものを食べようと家族に提案しよう。もちろん、刺身だって天ぷらだって、料理のしかたは何でもかまわない。キミの食のラッキーアイテムは海や川に関係した食物。バカバカしく思うかもしれないが、ウソだと思ってためしてごらん。

SOUL
[心のガーディアン]

ときとして、キミはどこか知らぬところへと川の上を流されているような、そんな心細さを感じることがあるだろう。そんなとき、月の光を浴びてみよう。キミに幸運を呼ぶ天体が月だからだ。場所は海辺や川のほとりがいいし、時間は午後11時から午前1時にかけての深夜がいい。ほら、カラダの内側からエネルギーがわいてくるような、そんな感じがしてきただろ？

12

MATRIX NUMBER

[レセプシオン]

異なるものを等しく受け入れる受容を象徴する守護女神。
このカードを持つと優しく寛大な自分を見つけることができる。

テーマ別・キミのガーディアンからの助言と予言

HEALTH
[健康のガーディアン]

健康面で気をつけなくてはいけないことを一つあげるとすれば、消化器系のトラブルや貧血かも。とはいえ、あまり神経質になるほどのこともない。さて、健康に関するキミのラッキーアイテムは玄米やソバだ。もりもり食べましょう。

JOB
[勉強・仕事のガーディアン]

大地に関係したものに幸運がひそんでいる。勉強や仕事で、選択や決断に迷ったら、土地や陶器《とうき》、農作物など、大地のイメージに近しいもののほうを選ぶとうまくいくはず。土こそがキミの基本的なラッキーアイテムなのだから。

ADVENTURE
[冒険のガーディアン]

キミにとってラッキーな季節は晩夏《ばんか》から初秋《しょしゅう》、つまり8月から9月。文字通り、アウトドアの冒険旅行などに出かけるなら、その時期がオススメだ。

FRIEND
[友情のガーディアン]

キミは友だちに対してとても誠実だ。しかも、異端《いたん》のように思われる人をも優しく受け入れる。キミの幸運は、まさにそんな誠実で受容的な友だち関係からやってくる。何よりも友だちに対して寛大であること、それが大切だ。

MONEY
[お金のガーディアン]

キミの金運を高めるラッキーナンバーは5。ラッキーカラーは黄色。このラッキーアイテムをじょうずに使おう。また、土地や農作物など、大地に関係したものからお金がはいりやすいぞ。

LOVE
[恋愛のガーディアン]

キミが女性なら、恋愛スタイルは受け身かもしれない。しかも、母性愛タイプ。相手にとことん尽《つ》くしちゃうのだ。恋愛のガーディアンからのアドバイスとしては、受け身もいいけど、優柔不断《ゆうじゅうふだん》で決断力に欠けないように気をつけてほしい。これは男性も同じ。恋愛に優柔不断は禁物だぞ!!

FAMILY
[家族のガーディアン]

お母さんやおばあちゃんなど、家族の中でも女系と絆《きずな》が強いのがキミかもしれない。キミの幸運は、そんな家族のうちの女性を大事にすることから生まれる。とことん孝行《こうこう》したまえ。とはいえ、お父さんやおじいちゃんを大事にしなくてもいいという意味じゃないぞ。誤解しないように。

SOUL
[心のガーディアン]

落ち込んだりしたときには、キミのラッキーカラーである黄色のものを身につけてみよう。また、キミのラッキーアワーは、午後1時から午後5時。この昼過ぎから夕方までの時間帯に、土と関係した場所に出かけてみよう。大きな公園や、野球場などがいいね。あるいは、古代文明の陶器《とうき》や石器などがある博物館もよい。きっと、元気になるよ。

13

MATRIX NUMBER

[アクシオン]

生命の躍動感と若々しさを象徴する守護女神。
このカードを持つと心が踊るような楽しさに満たされる。

テーマ別・キミのガーディアンからの助言と予言

HEALTH
[健康のガーディアン]

弱点は肝臓《かんぞう》かもしれない。気をつけよう。健康に関係した君のラッキーアイテムは酢のものや海草類。梅干しや柑橘《かんきつ》類もいいぞ。コーヒーよりはお茶を飲もう。

JOB
[勉強・仕事のガーディアン]

勉強や仕事に関係してキミに幸運を呼び込むアイテムは、なんと楽器!!　音楽家になれという意味では、もちろんない。勉強や仕事で行きづまったら、楽器を弾くと状況を打破《だは》できるということだ。もし、楽器が弾けないのなら、コンサートに出かけよう。

ADVENTURE
[冒険のガーディアン]

キミにとって幸運な季節は春。とくに3月がいい。もし、何ごとか冒険をしようとくわだてているのなら、この季節にしてみよう。また、稲光《いなびかり》に雷雨という悪天候は、実はキミにとってのラッキーアイテム。ピカッと稲光がしたら、きょうはラッキーと思おう。

FRIEND
[友情のガーディアン]

キミの友人にはオシャベリでうるさいやつが多いかもしれない。あるいは、ロックバンドのメンバーだったり、落語研究会に所属していたりと、音や声に関係した友だちが多くはないだろうか？ズバリ、そんな“音声系”の友だちこそがキミに幸運を呼んでくれるのだ。たいせつにしよう。

MONEY
[お金のガーディアン]

キミの金運上昇のためのラッキーナンバーは3。ラッキーカラーは青だ。また、音や振動といった現象に関係することからお金が入りやすい。音楽や電気、家電製品、放送、映画といったものだ。要チェックだね。

LOVE
[恋愛のガーディアン]

電気や雷がキミの幸運を呼ぶアイテムだから、雷雨のさなかにデートが最高なのだが、もちろん、そういうわけにはいかない。そのかわり、コンサートや映画館といった“人工雷鳴《らいめい》”や“人工稲《いな》光《びかり》”を楽しむデートで幸運を呼び込もう。また、縁日の夜店なども、キミのラッキーアイテムだぞ。

FAMILY
[家族のガーディアン]

家族のメンバーで、キミにラッキーなできごとを呼び寄せてくれる人、それが長男だ。もし、キミが長男なら、最高だが、そうでないのなら長男の動向をたえずチェック。ゴマをする必要はないけど、とにかく、いつも仲良くしていたほうがいいぞ。

SOUL
[心のガーディアン]

キミの生命力が強まるラッキーアワーは朝の5時から7時。そう、いつもなら眠っているだろう、早朝である。もし、落ち込んで元気が出ないときがあったなら、このラッキーアワーに早起きをして散歩に出かけよう。目的地は、これまたキミのラッキースペースである、電気や振動に関係した場所。たとえば、発電所や公園の音楽堂、放送局などだ。きっと元気が戻ってくるはず。

14

MATRIX NUMBER

[フレクセーブレ]

しなやかな強さと柔軟性を象徴する守護女神。
このカードを持つと自分自身の自由で柔軟な感性の存在に気づく。

テーマ別・キミのガーディアンからの助言と予言

HEALTH
[健康のガーディアン]

カゼをひきやすいキミかもしれない。呼吸器が弱点だという人もいるかもしれない。注意しよう。さて、キミの健康運をアップさせるラッキーフードは、うどん、そばだ。

JOB
[勉強・仕事のガーディアン]

キミの勉強や仕事に関するラッキーアイテムは風に関係するもの。たとえば、飛行機、扇風機、気球、旗など。職業でいえば、郵便局や輸送業など。こういったアイテムを意識していよう。また、手紙もキミのラッキーアイテムなので、仕事に関係した大切なお願いごとなどは、きちんと手紙にしたためておこなうようにするといいだろう。

ADVENTURE
[冒険のガーディアン]

キミに幸運を呼ぶ季節は4月から5月にかけて。このころに飛行機や船に乗って旅に出かければ、とてもラッキーなできごとが起こるかもしれないぞ。

FRIEND
[友情のガーディアン]

いろんな個性の持ち主がキミの友だちにいるだろう。似たものどうしなんかじゃ全然ない、個性派ぞろいの仲間たちだ。キミに幸運を呼び込んでくれる友だちは、転校生や留学生だ。あるいは旅行で知り合った友だちかもしれない。大切にしよう。

MONEY
[お金のガーディアン]

キミの金運をアップさせるラッキーナンバーは8。ラッキーカラーは青だ。郵便に関係したことから、お金が入ったりする。また、通信販売で買い物をすると得することがあるかも。

LOVE
[恋愛のガーディアン]

旅先で知り合った恋人とは長続きするとてもいい関係になれる。また、インターネットや文通で知り合うチャンスも多い。手紙や旅行、飛行機や船が、キミのラッキーアイテムなのだ。デートの場所としては、空港や港などが最高にいい。もちろん、毎回、空港か港でデートというわけにはいかないから、告白やプロポーズのときなど、大事なデートだけに使うようにしよう。

FAMILY
[家族のガーディアン]

家族の中でキミにとってキーとなる存在が長女だ。もし、キミ自身が長女ならいいが、そうでないときは長女、つまりキミのお姉さんに注目していよう。仲良くしていれば、キミにラッキーな贈り物があったりするぞ。

SOUL
[心のガーディアン]

キミの生命力がもっとも強くなる時間が午前7時から午前11時の間だ。もし、落ちこんで元気をなくしたなら、この時間帯に、海を目指して出かけよう。港はキミにエネルギーをチャージしてくれるラッキースポットだ。もし、近くに海がなければ、鉄道の駅や線路でもいい。旅に関係し、風が吹きわたる場所がいいのだ。さあ、元気を見つけに出かけよう!!

15

MATRIX NUMBER

[プレトミーニョ]

自分自身を理性的にコントロールする支配力を象徴する守護女神。
このカードを持つと意志が強くなり、行動力がアップする。

テーマ別・キミのガーディアンからの助言と予言

HEALTH
[健康のガーディアン]

キミの健康に適したラッキーフードは納豆や味噌、豆腐だ。ヨーグルトなどもいい。発酵《はっこう》させた食物が、キミの健康運をアップさせるのだ。

JOB
[勉強・仕事のガーディアン]

アンティークや古着など、古いものがキミのラッキーアイテムだ。リサイクルなどもいいね。勉強や仕事で行き詰まったら、アンティーク屋さんをのぞくとか、古着屋さんでお気に入りの洋服を探すなんて息抜きをするといいかも。

ADVENTURE
[冒険のガーディアン]

海外に旅をすると不思議と嵐や地震などに遭遇《そうぐう》するのがキミだ。でも、強い意志力で、どんな困難をも克服するパワーを持っているから安心だ。他の人たちがもっている幸運を呼ぶ季節が、キミには存在しない。いわば、強い意志さえあれば、キミにとっては1年中が幸運期だということなのかもしれない。

FRIEND
[友情のガーディアン]

不思議な個性を持った友だちがたくさんいそうだ。キミはそんな仲間の中心にいるのかもしれない。まるでガキ大将みたいにね。そんなキミに幸運を呼び込んでくれる友だちとは、年上の友だちだ。もしかしたら、10歳も20歳も年上の人かもしれないぞ。

MONEY
[お金のガーディアン]

キミの金運に関するラッキーアイテムは、家に代々伝わる宝物だとかの骨董品《こっとうひん》や古美術《こびじゅつ》だ。もちろん、そんなものが家になくてもいい。骨董品屋の前を通るとか、アンティーク屋さんをのぞくとか、それだけでもＯＫなのだ。家でリサイクルの手伝いをするといったことでも、金運はアップするかもしれないぞ。

LOVE
[恋愛のガーディアン]

恋愛についてはキミは強運の持ち主だ。ちょっぴり強引に見えることがあるかもしれないが、最終的にはうまくいく。ラッキースポットは原野《げんや》。まさか、原野でデートはできやしないけど、二人で旅行をするなら、北海道の原野などをオススメ。

FAMILY
[家族のガーディアン]

家族の中でキミにとってのラッキーメンバーは、おじいちゃんやおばあちゃんだ。キミは老人に愛され、老人からチャンスや幸運をもらいやすいのだ。おじいちゃん、おばあちゃんには、いつも優しくしてあげよう。いいことあるよ、きっと。

SOUL
[心のガーディアン]

意志が強く、自分自身をコントロールできる精神力をそなえたキミだけど、時として、荒波にもまれる船のように、短い時間のあいだに気分が高揚《こうよう》したり落ち込んだりをくりかえすときもあるはず。そんなときは、キミのラッキースポットである原野《げんや》にイメージ的に近い場所——近所の雑木林《ぞうきばやし》や荒れ地など、人の手が入っていない土地に散歩に出かけよう。キミは、そんな荒々しい風景やオーラからエネルギーをチャージするのだ。

16

MATRIX NUMBER

[ウステーシャ]

不正を許さない正義感を象徴する守護女神。
このカードを持つとものごとを公平な目で見られる。

テーマ別・キミのガーディアンからの助言と予言

HEALTH
[健康のガーディアン]

もしかすると、アトピーなど、皮膚がキミの弱点かもしれないね。ラッキーフードは、お米、小麦、果実類だ。

JOB
[勉強・仕事のガーディアン]

スポーツがキミのラッキーアイテム。中でもモータースポーツはキミの勉強や仕事に幸運をもたらすきっかけになるかも。自動車といったメカもまたキミのラッキーアイテムだからだ。勉強や仕事に疲れたら、モータースポーツをテレビやビデオで観戦したりするといいかもね。もちろん、職業としてのレーサーになれたらいうことないけど。

ADVENTURE
[冒険のガーディアン]

キミに幸運を呼ぶ季節は秋、10月から11月にかけてだ。もしも海外に旅をするなら、この時期が理想的だ。ラッキーカラーの白い洋服を着ていれば、最高に楽しい冒険に出会えるぞ!!

FRIEND
[友情のガーディアン]

キミの強運は、最高の親友をキミに与えてくれる。もしかしたら、それは外国人の友だちかもしれない。キミの友だちは、なにかしら異質な世界からやってくることがしばしばなのだ。それは外国だったり、まったく違った職業の世界からだったりする。とにかく、キミの今まで知らなかった世界から突然、キミの友だちは出現するのだ。

MONEY
[お金のガーディアン]

キミの金運をアップさせるラッキーナンバーは4。ラッキーカラーは白だ。おおいに活用しよう。宝石や貴金属に縁があるのもキミの特徴だ。高価なものである必要はないが、銀などのアクセサリーを身につけていると金運がよくなるかもしれないぞ。

LOVE
[恋愛のガーディアン]

出会いの場所が神社やお寺、博物館や陸上競技場だったりするのがキミの恋愛パターンだ。恋心をいだく相手は、外国からの留学生だったり、遠くのちがう町に住む人だったりする。スポーツがキミのラッキーアイテムだから、相手はアスリートだったりするかも。いずれにしても、ワクワクする恋を体験できるだろう。

FAMILY
[家族のガーディアン]

家族の中でキミのいちばんの味方は、お父さんだ。ちょっといばっていて、えらそうにしているけれど、ほんとうはキミのことが気になってしかたがない。そんなお父さんと、最高に良い関係をつくり上げよう。キミの幸運はお父さんの笑顔の向こうからやってくるのだから。

SOUL
[心のガーディアン]

悲しいことがあって落ち込んだりしたときは、君の生命力がいちばん強い時間帯の午後7時から午後11時に、電車に乗ってみよう。目的地なんか決めずに、あてどなく電車に揺られ、さまよってみるのだ。ラッキーカラーの白い洋服を着ていればさらにいい。どうだい？　不思議に元気が出てきただろう？

17

MATRIX NUMBER

[アレグリア]

生きてることの喜びを象徴する守護女神。
このカードを持つと明るい気分に満たされ、楽しい1日がおくれる。

テーマ別・キミのガーディアンからの助言と予言

HEALTH
[健康のガーディアン]

虫歯や歯槽膿漏《しそうのうろう》といった口に関係するものがキミの弱点かもしれないね。健康運を高めるラッキーフードはハーブティー。また、辛《から》いものもキミにはよいみたいだぞ。

JOB
[勉強・仕事のガーディアン]

職業としては、外科のお医者さんや歯医者さんなどに縁がある。キミ自身がそんなお医者さんになるのかもしれないし、あるいは、お医者さんがキミに幸運を呼び込んでくれるのかもしれない。お医者さんの知り合いができたなら大事にした方がいいかもネ。

ADVENTURE
[冒険のガーディアン]

キミにとってラッキーな季節は秋。特に9月だ。冒険だと思うことに挑戦するのなら、この季節がベストだ。「歓喜《かんき》」、つまり喜びを冒険のサブシンボルとして持っているキミは、海外旅行にしても野外生活にしても、得難《えがた》い最高の経験をするだろう。

FRIEND
[友情のガーディアン]

キミの友達には、奇人変人《きじんへんじん》が多いかもしれない。悪い意味でいうのではなく、超個性的な人が多いということだ。みんな明るく、楽しむことが上手だ。そんな面白い連中がキミに幸運を呼び込んでくれるはずだ。

MONEY
[お金のガーディアン]

キミの金運をアップさせるラッキーナンバーは4。ラッキーカラーは白。ラッキーアイテムはフォークやスプーンなどの金属製の食器。ラッキーなスポットはレストランだ。

LOVE
[恋愛のガーディアン]

レストランやボウリング場などでの出会いがあるかも。そんな、笑顔と歓声にあふれているようなスポットがキミの恋愛に幸運をもたらすのだ。花を贈るなら秋に咲く花。食事をするなら、スパイスがきいたエスニックがいいぞ。

FAMILY
[家族のガーディアン]

家族の中でキミの最大の味方は妹。もし、キミに妹がいない場合は、親戚《しんせき》でキミより年下の女の子を味方につけよう。家族内でキミが孤立してしまったときなど、妹かその小さな親戚の女の子がキミを助けてくれるはずだ。

SOUL
[心のガーディアン]

キミの生命力がもっとも強まる時間帯は、午後5時から午後7時までのたそがれ時。しかも、雨が降っていたりすると最高にエネルギーがチャージされる。もし、キミが落ち込んでいて元気をなくしていたら、この時間帯にひとり散歩に出かけよう。目的地は街の中心。たくさんの人の笑顔が見える場所がいい。人々の喜びこそが、いわば、キミのエネルギー源なのだから。

18

MATRIX NUMBER

[イノバシオン]

ものごとを新しく進化させる力を象徴する守護女神。
このカードを持つと、行きづまった事態も打開する強いパワーが手に入る。

テーマ別・キミのガーディアンからの助言と予言

HEALTH
[健康のガーディアン]

腰痛などに注意しよう。健康にいいキミのラッキーフードは、野菜と、ジャガイモなどのイモ類だ。

JOB
[勉強・仕事のガーディアン]

建築家や銀行マン、ホテルマンという職業がキミに幸運を呼ぶ。キミ自身がそういった職業についてももちろんいいし、彼らとの出会いが、キミに勉強や仕事面で、なにかいい知らせをもってきてくれるのかもしれない。それも、アッと驚くようなね。キミのガーディアンのシンボルはなにせ、「革新《かくしん》」なのだから。

ADVENTURE
[冒険のガーディアン]

1月から2月にかけてが、キミにとってラッキーな季節。冒険旅行に出かけるなら、そんな時期がいいかも。とはいえ、真冬だ。目的地は慎重に選ぼう。ちなみに、気象では霧、建物ではお城もまたキミのラッキーアイテムだ。

FRIEND
[友情のガーディアン]

友だちと夜遅くまでオシャベリするのが好きかもしれない。いや、正確にいえば、深夜になればなるほど、気持ちが盛り上がってくるのがキミだ。でも、それでＯＫ。キミのラッキーアワーは、午前1時から午前5時という真夜中なのだから。仲のいい友だちとは、深夜に友情を深めようってわけだ。

MONEY
[お金のガーディアン]

金運アップにつながるラッキーナンバーは5。ラッキーカラーは黄色だ。また貯金するなら定期預金のほうがラッキー度が高いし、もし、家がアパートを持っていたりしたら、そういう賃貸《ちんたい》業からも金運はアップするかもしれない。

LOVE
[恋愛のガーディアン]

デートに最高にラッキーな場所は、丘の上にあるお城。キミのラッキーアイテムとは、丘、門、階段、土中のもの、岩石なのだが、丘の上に立つお城には、それらがぜんぶそろっているものね。告白やプロポーズなど、大事なデートにつかいたいぞ。

FAMILY
[家族のガーディアン]

キミに兄弟がいるのなら末っ子が、もし一人っ子なら、親戚《しんせき》の中のちびっ子の誰かが、キミに幸運を呼ぶ家族のメンバーかもしれない。プラス、家族の中でいちばん太っているメンバーも幸運を呼ぶかも。とはいえ、全員となかよくしてね。

SOUL
[心のガーディアン]

落ちこんだり、元気がないときは、キミの生命力がもっとも高められる深夜午前1時すぎに、机に向かってイスに座るといい。もちろん、これだけではなんにもならない。準備しておかなくちゃいけないものがある。それは、動物の骨や化石、あるいは矢じりなどの古代のもの——つまり、キミのラッキーアイテムである、土の中に長くうまっていたものが必要なのだ。それを机の上に置いて、はるか太古《たいこ》の時代に思いをはせてみよう。ほら、元気が出てくるだろ？

19

MATRIX NUMBER

[エモシオン]

激しい情熱を象徴する守護女神。
このカードを持つと心が熱く、情熱的になる。

テーマ別・キミのガーディアンからの助言と予言

HEALTH
[健康のガーディアン]

目や耳が弱点かもしれない。神経質になる必要は全然ないけど、注意はしておこう。健康運アップのためのラッキーフードはノリ、ひもの、貝、うなぎなどの海のものだ。

JOB
[勉強・仕事のガーディアン]

目上の人や、集団のリーダーのような人から幸運がもたらされるかもしれない。スポーツ選手やアーティストなどもキミにとってはラッキーな人々だ。つまり、熱い情熱をぶつけて生きているような人たちだ。キミ自身がそんな人かもしれないが、とにかく、勉強や仕事でキミを助けてくれる人たちは、すこぶる情熱的な人たちだってことなのだ。

ADVENTURE
[冒険のガーディアン]

キミの生命力がもっとも高まる季節は初夏、なかでも6月。この時期に、一足早くほんものの夏を探しに南に旅をするといい。ちなみに、暑さもまたキミにとってのラッキーアイテムだぞ。

FRIEND
[友情のガーディアン]

キミのそばにいると気持ちが熱くなる。そんなふうに思っている友だちが多いかもしれない。また、キミの友だちには太《ふと》っ腹《ばら》な人間も多いことだろう。スポーツ大好き人間が集合しているかもしれない。キミの友情は、キミ自身が情熱に身を熱くしているかぎり、ず〜っと幸運が続くぞ。

MONEY
[お金のガーディアン]

金運アップのためのキミのラッキーナンバーは2。ラッキーカラーは赤だ。ラッキーアイテムは、手紙や原稿などの文書、書画《しょが》など。う〜む、キミの家にお宝の水墨画《すいぼくが》があったりするってことなんだろうか？　ま、よお〜くチェックしときましょう。

LOVE
[恋愛のガーディアン]

熱く、情熱的に押しまくれば、キミの場合は吉。デートに最適なキミのラッキースポットは、灯台、劇場、博物館、そしてなぜか病院だ。そこで新しい出会いがあるかも。デートの日が晴天で暑かったりすれば、キミの幸運度はグンと高まるぞ。

FAMILY
[家族のガーディアン]

家族の中でいちばんいばっている人は誰だい？　お父さん、お母さん、それともおじいちゃん、ひいおばあちゃん？　キミの最大の味方は、その家族の中でいちばんエラそうにしている人である。キミのシンボルは「情熱」であり、「真夏の太陽」であるから、家族の中の「太陽」がキミを大いにもり立ててくれるのだ。さあ、それはいったい誰なんだろう？

SOUL
[心のガーディアン]

元気がないとき、落ちこんだときは、お昼に博物館に出かけよう。キミの生命力がアップする時間帯はお昼——午前11時から午後1時までの間なのだから。そして、キミのエネルギーをチャージするシンボルが、カメレオンやトカゲなどのハ虫類。亀でも大丈夫だ。その博物館に、そんなハ虫類の彫刻やレリーフがあれば最高なのだが、ハ虫類のアクセサリーなどを身につけてもいい。そうやって、お昼をすごせば、そして、その日が暑く晴天だったりすれば、アッという間にキミの元気は回復するはずだ。がんばれ!!

20

MATRIX NUMBER

[コンスタンシア]

つつましさと勤勉さを象徴する守護女神。
このカードを持つと気持ちが穏やかになり、がんばりが出てくる。

テーマ別・キミのガーディアンからの助言と予言

HEALTH
[健康のガーディアン]

キミの場合、他の人たちが嫌うような食べ物こそが健康運をアップさせるラッキーフードだ。ゲテモノとはいわないが、たとえば、ブルーチーズだとか、ホヤだとか、熱狂的なファンはいるが一般的な人気はないような、そういう食べ物こそがキミのラッキーフードなのだ。

JOB
[勉強・仕事のガーディアン]

どんな学校、どんな職業でも、いい成績やすばらしい活躍ができるシンボルをキミは持っている。ラッキーなできごとは、教育に関係した場所や人からやってくるだろう。教師に注目だね!!

ADVENTURE
[冒険のガーディアン]

たいていの人が途中で挫折《ざせつ》するような大冒険でも、ねばり強く、しかもコツコツと努力して成しとげることのできるパワーがキミにはある。時間をかけて、じっくり取り組もう。

FRIEND
[友情のガーディアン]

ふつうとはちょっぴり違う、一風《いっぷう》変わった友だちがキミには多いかもしれない。キミ自身がいちばん正統派だったりするが、キミは個性的な仲間にまじって楽しくうまくつきあっていける。しかも、そういう“フツ〜じゃない”楽しい連中こそが、キミに幸運を呼びよせてくれる友だちなのだ。

MONEY
[お金のガーディアン]

他のガーディアンとちがって、キミには金運をアップさせるラッキーナンバーもラッキーカラーも存在しない。つまり、自力で、コツコツとお金をかせいだり、貯めたりするのが、最高にラッキーということなのだ。「ちぇ、つまんない」などというなかれ。これはキミの金運が安定しているということだし、努力すればしただけの見返りがあるということだ。がんばれ!!

LOVE
[恋愛のガーディアン]

恋愛における、キミのアンラッキーアイテムは、キミのその「慎重」さだ。石橋をたたいてわたるように、恋をしちゃいけない。恋は勝つか負けるかで、まん中はない。大胆さ、そして勇気。これが大事。ダメもとで体当たりだ!!

FAMILY
[家族のガーディアン]

家族の中でもっとも風変《ふうが》わりな人、それがキミに幸運を呼ぶメンバー。家族全員まとも？　そういうときは、親戚《しんせき》に注目。誰か一人、個性的でユニークな人がいるはず。彼（彼女）が、キミに面白く役に立ついろんなことを教えてくれるはずだ。

SOUL
[心のガーディアン]

ときどきは自分自身がハメをはずしてみたい。勉強や仕事を投げ出して、どこか遠くに旅をしてみたい。いつも一生懸命なキミは、ときどき、そんなふうに思うことがある。実は、このガーディアンのマトリクスナンバーの20とは、社会から個人への折り返しポイントを表している。1～10までが、キミ、ボクといったレベルの個人で、11～20までが社会・共同体。そして、21～30が再び個人。だから、勤勉さという社会的価値と、個人のワガママの間で揺れるのはしかたのないこと。大事なのは、二つをうまく両立させることで、キミについていえば、ワガママがヘタだから、ジコチューすぎるかもと心配するくらいがちょうどいいはずだ。

21

MATRIX NUMBER

[パシエンシア]

どんなにつらいことにも負けない忍耐力を象徴する守護女神。
このカードを持つと我慢強くなり、実行力が増す。

テーマ別・キミのガーディアンからの助言と予言

HEALTH
[健康のガーディアン]

キミの健康運をアップさせるフードは昆布《こんぶ》やノリ。また、冷たい水もラッキーフードだ。もし一つだけ弱点をあげるとすれば、疲れやすいところ。もちろん、病気じゃない。でも、スポーツで体力アップをはかりたいところだね。

JOB
[勉強・仕事のガーディアン]

インクや印刷といったものが、勉強や仕事のラッキーアイテム。印刷関係の仕事という意味ではなく、インクのにおいのするもの、何かものを書くことに、幸運がひそんでいるということだ。キミ自身がものを書いてもいいし（書くときはインクのにおいのする万年筆だ）、文字を書くことに関係する仕事をしている人を友人にしてもいいぞ。

ADVENTURE
[冒険のガーディアン]

キミの生命力がもっとも高まる季節は冬、なかでも12月。雪や冷気もキミのラッキーアイテムだ。う〜む、北に行く？

FRIEND
[友情のガーディアン]

困っている仲間がいたら助けあう、そんな結束の強い友だちのきずながキミの自慢かもしれない。海水浴場がキミのラッキースポットだから、ビーチで親友ができたりするかも。また、友だちどうしの結束を強めるためにも、みんなでビーチに出かけたりするのがいいかもしれない。

MONEY
[お金のガーディアン]

キミの金運をアップさせるラッキーナンバーは6。ラッキーカラーは黒だ。ラッキーな方角は北で、総じて寒い場所に縁がある。う〜む、北国に行けばお金がもうかるってこと？

LOVE
[恋愛のガーディアン]

冬に出会った恋人とは長くつきあうことになるかもしれない。それが雪の降る日だったりすればなおさらだ。キミにとって、寒さや雪、北風などは幸運を呼び寄せるもの。デートにはこのことをうまく活用しよう。それじゃ夏はどうするかって？　かき氷とか、アイスクリームとか、そういう冷たい食べ物を利用するしかないかも……。冷房のきかせすぎはカラダに悪いし……。

FAMILY
[家族のガーディアン]

家族のメンバーでキミに幸運を呼び寄せる人、それは「まん中の人」。つまり、3人兄弟なら次男や次女。もし、兄弟がいないなら、次男や次女のおじさんやおばさんに注目。その人たちが、キミに幸運をさずけてくれるぞ。

SOUL
[心のガーディアン]

キミの生命力が高まる時間帯は午後11時から午前1時の深夜だ。そして月が出ていれば、最高にいい。季節が冬なら、雪が降っているとなおさら最高だ。そんな状況でこそ、キミは元気を回復できる。だから、落ちこんで元気がないときは、深夜に月の光を浴びたり、あるいは雪の中を白い息を吐きながら歩いてみたりするといい。心が澄みわたり、気力が復活するはずだ。

22

MATRIX NUMBER

[カンドール]

けがれを知らない純真さを象徴する守護女神。
このカードを持つと、ものごとを誠実に見つめる力がわきおこる。

テーマ別・キミのガーディアンからの助言と予言

HEALTH
[健康のガーディアン]

畳《たたみ》や木綿《もめん》の織物などがキミの健康に関するラッキーアイテム。ワンルームの一人暮らしなどで部屋に畳そのものがなかったりするときは、シーツなどを木綿製のものにして、清潔をこころがけるようにしようね。弱点は消化器系。暴飲暴食は禁物だぞ。

JOB
[勉強・仕事のガーディアン]

土地に関係したことがらから、勉強や仕事にとっての幸運がまいこみやすい。不動産屋さんとか、農家の方、陶芸家《とうげいか》などの仕事の人たちに注目していよう。なにかすてきなことが起きるかもしれないぞ。

ADVENTURE
[冒険のガーディアン]

キミが最高に元気になれる季節は7月から8月。冒険の旅行に出かけるならだから夏がいい。方角は西南が吉。馬や羊がキミに幸運を呼ぶ動物なので、牧場か、野生の馬が走り回る大草原なんてのがベストかも。

FRIEND
[友情のガーディアン]

キミの友情に関係したラッキースポットは野球場と埋め立て地。仲間どうしで野球場に野球を見に行ったりするのもいいし、埋め立て地にできた遊園地やショッピングセンターなどに遊びに行くのもいいかも。

MONEY
[お金のガーディアン]

金運を上昇させるラッキーナンバーは10。ラッキーカラーは黄色。キミの場合、土地に関係したことがらが金運をよびこむ。

LOVE
[恋愛のガーディアン]

デートをするならキミに幸運を呼ぶ動物の馬や羊がいるところか、埋め立て地だったところにできた新しい街などがいい。動物公園や牧場、あるいは東京のお台場のようなところだ。きっと愛が深まるはず。

FAMILY
[家族のガーディアン]

家族のメンバーの中でキミに幸運を呼ぶメンバーは、ズバリ、おばあちゃんだ。もし、キミにおばあちゃんがいない場合は、親戚《しんせき》のおばあちゃん。親戚にもいなければ、近所のおばあちゃんでもいいぞ。とにかく、年老いた女性こそが、キミと家族との関係を素敵に保つキーパーソンとなるのだ。

SOUL
[心のガーディアン]

落ちこんで元気がないときは、野球場に行くか、牧場に行こう。時間はキミの生命力が高まる午後1時から午後5時のあいだがいい。野球場で野球を観戦する。あるいは牧場で馬や羊を見る。これが、キミにとって最高のエネルギーチャージになる。このとき、ラッキーカラーである黄色が入った小物などを一つ身につけるといいぞ。

23

MATRIX NUMBER

[デサローヨ]

終わりのない無限の成長を象徴する守護女神。
このカードを持つと気分が前向きになり、チャレンジ精神が旺盛になる。

テーマ別・キミのガーディアンからの助言と予言

HEALTH
[健康のガーディアン]

健康運アップのためのラッキーフードは、海草類と柑橘類《かんきつ》。また、キミの弱点をあえてあげるとすれば、のどや舌。ま、神経質になる必要はないけど、口内炎《こうないえん》とかにはなりやすいかもね。

JOB
[勉強・仕事のガーディアン]

幸運は電気や楽器に関係したところから舞いこむかもしれない。あるいは、電気＋楽器でエレキやシンセなどの電子楽器関連か？ そういう楽器を持って演奏する友だちがいたなら、要チェックだ。彼が勉強や仕事に幸運を呼びこんでくれるかもしれないぞ。

ADVENTURE
[冒険のガーディアン]

キミの生命力が高まる季節は春。とくに3月がいい。この時期、東に出かけるとキミは幸運に出会うはず。また、旅先で雷などに出会うのは、いいことが起きそうなことの前兆《ぜんちょう》。電気や雷はキミのラッキーアイテムなのだから。

FRIEND
[友情のガーディアン]

キミにとって最高にラッキーな友だちのあり方は、たとえばロックバンドだ。キミのラッキーアイテムである電気と振動、そして音楽がある。ピアノやギターなどの楽器もキミに幸運をもたらす重要なアイテムだ。さあ、これからギターを練習して、バンドを組んでみようか？

MONEY
[お金のガーディアン]

金運上昇のためのラッキーナンバーは8。ラッキーカラーは青だ。幸運のアイテムは音楽や映画。つまり、音と光に関係するものだ。音楽や映画でお金がかせげる人だってことかな？

LOVE
[恋愛のガーディアン]

デートをするならキミのラッキーアイテムである音楽や映画に関係するもの、つまり、コンサートやロードショーがいいが、それだけでは当たり前だが、雨の中での野外ライブだったり、映画が天変地異《てんぺんちい》のスペクタクルだったりすれば、恋は大いに盛り上がるはず。それから、二人で街を歩いていてチンドン屋さんに出会ったら、それは幸運の前兆《ぜんちょう》だ。

FAMILY
[家族のガーディアン]

家族でキミにとってのラッキーパーソンはズバリ、兄である。もし、キミに兄がいなければ、親戚《しんせき》の青年がラッキーパーソンである。キミのガーディアンのシンボルである「成長」が象徴する青春、そのまっただなかにいる若い男性がキミに幸運をもたらすのだ。だから、もし、キミと兄がものすごく年がはなれていて、実は中年だったりしたら、彼は悪いがラッキーパーソンではない。すぐさま、若いイトコたちに探索の手を伸ばそう。

SOUL
[心のガーディアン]

元気をなくしたキミの心を奮《ふる》い起こすのは、音楽か映画だ。そしてライブハウスや映画館が、キミにエネルギーをチャージする。騒々《そうぞう》しい空間、ピカピカときらめく空間、あるいは電気をたくさん使う空間こそが、キミのラッキースポット。だから、落ち込んだときには、ひとり、ライブハウスか映画館に出かけよう。もし、それがムリならば、夜の遊園地でもいい。それもムリなら、ＣＤやＤＶＤでもいい。とにかく、音と光を全身に浴びることだ。

24

MATRIX NUMBER

[アコモート]

助けあってものごとをつくりだす、協調を象徴する守護女神。
このカードを持つと仲間との関係がうまくいき、生き生きとすごせる。

テーマ別・キミのガーディアンからの助言と予言

HEALTH
[健康のガーディアン]

あえていえば呼吸器系が弱点か？　とはいえ、神経質になるほどのことでもないぞ。ラッキーフードはパスタ。

JOB
[勉強・仕事のガーディアン]

輸送や移動に関係したことから勉強や仕事に幸運が舞いこみやすい。たとえば、宅急便や郵便。または飛行機や船。ラッキーな知らせは、電話じゃなく郵便で来そうだし、幸運を呼ぶ人物は遠方から飛行機や船を使ってやってくるのかもしれないね。

ADVENTURE
[冒険のガーディアン]

春、そして東南。これがキミに幸運を呼ぶ季節と方角だ。しかも、風がそよぎ、ラッキーカラーである青色にあふれたところ。といえば、ハワイとかミクロネシアの島ということになるね。いつか、そんな南の島に冒険に出かけてみたいね。

FRIEND
[友情のガーディアン]

仲間どうしの関係がギクシャクしたとき、きまって仲裁《ちゅうさい》を頼まれるのがキミかもしれない。キミのガーディアンのシンボル「協調」は、まさにそんなときに力を発揮する。さて、友だちの中に、自分かそのおとうさんの仕事が交通関係の人がいたら、その友だちはキミのラッキーパーソンになるかもしれないぞ。

MONEY
[お金のガーディアン]

金運上昇のためのラッキーナンバーは8。ラッキーカラーは青だ。白と緑も、青ほどではないが、金運をよくしてくれるぞ。ラッキーアイテムの郵便に関係したことで得することがあるかも。

LOVE
[恋愛のガーディアン]

キミの恋に幸運をもたらすデートスポットは、移動するものの上——つまり、船や熱気球、電車や列車だ。遊覧船に乗ったり、電車で小旅行に出かけたりが最高というわけだ。また、キミのラッキースポットとしては、他にも鳥居、神社、松林がある。ようするに海のそばにある神社に、電車と船を乗りついで出かけると、超最高ということになる!!

FAMILY
[家族のガーディアン]

家族でキミに幸運をもたらすメンバーは、長女か、お嫁さんである。もし、長女もお嫁さんもどちらもいないのなら、キミが花嫁になるか、キミに花嫁がくるかまで待つしかない……。

SOUL
[心のガーディアン]

もし、キミが落ちこんで、元気をなくしていたなら、朝、早起きして海に出かけてみよう。ラッキーカラーの青色をどこかに身につけ、電車に揺られ、そして船にも乗れたらそれがいちばんいい。もし、釣りができるのなら、ぜひ釣りをしよう。休みたくなったら、松林に寝ころぼう。青空に白い雲が流れているのが見えるだろうか。近くに神社があったら、鳥居をくぐってお参りしよう。さて、ここに登場したすべてが、実はキミのラッキーアイテムで、キミの生命力を高めてくれる。ほら、元気が出てきただろ？

25

MATRIX NUMBER

[バリャール]

進歩のための変化を象徴する守護女神。
このカードを持つと積極的になり、自分のイメージを変えることができる。

テーマ別・キミのガーディアンからの助言と予言

HEALTH
[健康のガーディアン]

キミの健康運をアップさせるラッキーフードは、色が黄色で甘みがあるもの。バナナがそうだし、たくあんだってそうかも。探してみるのも面白そうだ。

JOB
[勉強・仕事のガーディアン]

勉強や仕事に関係した幸運は、フリーマーケットや骨董品《こっとうひん》屋にある。フリーマーケットで、重要な人物に知り合うのかもしれないし、骨董品屋で目にした何かがキミにインスピレーションをもたらすのかもしれない。また、老人とキミは勉強や仕事に関しては相性がよい。だから老教師や老社長などがキミをほめて引き立ててくれるかもしれない。

ADVENTURE
[冒険のガーディアン]

砂漠や荒れ地がキミにエネルギーをチャージしてくれる場所だ。もちろん、危険な場所だけど、いつの日か、旅してみるといいだろう。キミの内面の何かが確実に変わるはずだ。

FRIEND
[友情のガーディアン]

変な場所だけど、トイレで知り合った友だちとは親友になりやすいぞ。また、墓地で出会った友だちも親友候補だ。とはいえ、墓地で出会うなんて、考えにくいけどね……。さて、もし、友だちが一人暮らしで、しかも今にも壊れそうなオンボロアパートに住んでいたなら、その友だちがキミのラッキーパーソンになるかもしれない。大事にしよう……なんて、ちょっとゲンキンかな？

MONEY
[お金のガーディアン]

金運上昇のためのラッキーナンバーは10。ラッキーカラーは黄色。骨董品《こっとうひん》屋やフリーマーケットなどで得な思いをする。まめにのぞけば吉《きち》だね。

LOVE
[恋愛のガーディアン]

キミのラッキースポットは、砂漠か、砂漠のような荒涼《こうりょう》として広々とした場所だ。誰もいない海、誰もいない草原や雪原。そんなところをデートの場所や二人の旅行先に選べば、恋もどんどん進化するぞ!!

FAMILY
[家族のガーディアン]

家族でキミに幸運をもたらすメンバーは、おじいちゃんやおばあちゃんといった老人チームだ。家族の中で孤立したときは、この老人チームとタッグをくんでがんばろう。

SOUL
[心のガーディアン]

キミの心のガーディアンのシンボルは「変化」だ。だからキミは変化を恐れないし、古く陳腐《ちんぷ》なものを変革することに喜びを感じるはず。でも、ときとして、むなしさを感じ、元気をなくすときがある。そんなときは、自然の強大で破壊的な力を見に出かけよう。それは砂漠だったり、大きな滝だったり、断崖絶壁《だんがいぜっぺき》がつらなる海岸線だったり、とにかく、荒々しい自然の風景を見に行こう。それがキミにエネルギーをチャージしてくれるはずだ。ちなみに、その日の天気が悪く、大荒れであればあるほど、よりエネルギーは高まるはずだ。

26

MATRIX NUMBER

[バターヤ]

美と善のために戦う闘争を象徴する守護女神。
このカードを持つと気分が高まり、勝利にどん欲になる。

テーマ別・キミのガーディアンからの助言と予言

HEALTH
[健康のガーディアン]

健康運のためのラッキーフードは果物。弱点は胃。とはいえ、心配無用。キミにそなわる自然治癒力《ちゆりょく》は強いから、つねに健康でいられるはず。

JOB
[勉強・仕事のガーディアン]

競争や闘争がたえずキミの勉強や仕事についてまわる。それは、キミ自身がつねに競争に参加しなくてはいけないという意味ではない。そうじゃなく、スポーツのレースや株（これも一種の競争だ）といったたぐいのものから、キミの幸運が舞いこむ可能性が高いということなのだ。つまりレーサーや証券マンといった人々が、キミの勉強や仕事での幸運の鍵《かぎ》をにぎっているというわけ。

ADVENTURE
[冒険のガーディアン]

秋、そして北西。これがキミの幸運の季節と方角。この通りに旅をすれば、すばらしい体験ができるはず。でも、北西の外国といったら、中国かロシア。こいつはホントに冒険だ……。

FRIEND
[友情のガーディアン]

晴れてるかと思うと強い雨が降る。そういう極端な変化が、キミのガーディアンのシンボル「闘争」の特徴だ。友だちとの関係も、もしかしたら、そんなふうに激しいものかもしれない。でも、キミはとても友だち思いだから、キミから離れていく仲間はいないはず。スポーツがラッキーアイテムだから、友だちどうしでスポーツチームをつくったり、プロスポーツ・チームのサポーターになったりすると、とても楽しいかもしれないぞ。

MONEY
[お金のガーディアン]

金運アップのためのラッキーナンバーは9。ラッキーカラーは白だ。お金に縁がある方角は北西。大企業の経営者などとの縁もあるから、将来、なんだか楽しみかも……。

LOVE
[恋愛のガーディアン]

見栄《みえ》をはる必要はないし、ムダづかいさせるつもりもないけど、ここいちばんのデートのときには、ブランドものの洋服をピシっと着こなしていこう。高価な洋服——それがキミのラッキーアイテム。もちろん、高けりゃいいってもんでもなくて、センスも重要だけど……。

FAMILY
[家族のガーディアン]

家族でキミに幸運をもたらすメンバーは、一言でいえば、「老賢《ろうけん》人《じん》」。そんなイメージの人が家族にいれば、彼がラッキーパーソン。それはたぶん、お父さんかおじいちゃんのどちらかだ。さあ、どっちだ？

SOUL
[心のガーディアン]

落ちこんで元気をなくしたら、高いところに行くといい。時間は夜の7時から11時までのあいだ。その時間がキミの生命力がもっとも高められる時間帯だからだ。そして、目的地は、高層ビルだ。街のまん中にあるビルであれば、そのほうがいい。にぎわう街の中心にそびえる高層ビル。その上階にエレベータで上るのだ。そして、夜景を見下ろし、真っ暗な空を見上げる。ほら、元気を取り戻すことができただろ？　キミのエネルギーは高い場所でチャージされる。だから、ほんとうは高い山がいいのだけど、夜中に一人で登るなんて不可能だ。それで高層ビルで代用したのだ。

27

MATRIX NUMBER

[ベレーサ]

だれもがもっている個性という名の美を象徴する守護女神。
このカードを持つと気分がウキウキして、自分のことが好きになる。

テーマ別・キミのガーディアンからの助言と予言

HEALTH
[健康のガーディアン]

健康のためのキミのラッキーフードは、スープ。栄養たっぷりな野菜スープをオススメだ。なぜか、コーヒーや紅茶もキミのラッキーフード。とはいえ、飲み過ぎないように。

JOB
[勉強・仕事のガーディアン]

レストランやカフェなど、飲食店に勉強や仕事の幸運がひそんでいる。これは場所だけでなく、フォークやスプーンといった食器や鍋などの調理器具も含む。いったいどういうことなんだろう？　食器をつくる仕事や飲食関係の仕事が適しているということ？　落としたフォークを拾ってくれたウェイターが将来のビジネスのパートナーになるってこと？　レストランやカフェで勉強すると成績があがるってこと？　それは結果が教えてくれるさ……。

ADVENTURE
[冒険のガーディアン]

9月、そして西。キミに幸運を呼ぶ季節と方角だ。秋に西をめざして旅に出れば、きっとすばらしい体験ができるはずだ。

FRIEND
[友情のガーディアン]

社交的な友だちが多く、いつも楽しくオシャベリしてる。オシャレな友だちもたくさんいるだろう。キミと友だちとの関係には食べ物が不可欠。おいしい食べ物や飲み物がないと、なぜか盛り下がるはず。お母さんに頼んで、友だちが遊びに来るときには、かならずオイシイものがあるようにしたほうがいいけれど、でも、それもなんか、ぜいたくすぎるしワガママすぎる。ということは、みんなで、“オイシイもの持ち寄りパーティ”をすればいいんだ。そうすれば、お母さんに迷惑をかけずに楽しめるってわけだ。

MONEY
[お金のガーディアン]

金運アップのためのラッキーナンバーは9。ラッキーカラーは白。秋が1年の中でもっともお金が入って来やすい季節だ。貯金を始めるのなら、新月の日に口座をつくれば、たくさんたまるぞ。

LOVE
[恋愛のガーディアン]

幸運を呼ぶデートスポットは、やはりオイシイと評判のレストラン。しかも、坂の下や崖の下などにあるレストランがベストだ。そんな場所だとキミのパワーが全開になる。さあ、がんばってそんなレストランを探してみよう。

FAMILY
[家族のガーディアン]

家族でキミに幸運をもたらすメンバーは、赤ちゃんだ。もし、キミの家族の中に赤ちゃんがいなければ、いちばん年下のコがキミのラッキーパーソンになるだろう。それは親戚《しんせき》のコでもかまわない。赤ちゃんか、その年下のコが、キミと家族の関係をスムースにしてくれるぞ。それにしても、赤ちゃんはどうやってそれをするんだろうね……。たぶん、その必殺のほほえみでか？

SOUL
[心のガーディアン]

落ち込んで元気がなくなったときは、こんなふうにすると元気を取り戻せるぞ。まず、夕方にキミはフォークとスプーンで食事をする。ナイフではなく、スプーンだ。この日は新月の夜であるほうが、より効果がある。食事が終わったら部屋に戻り、キミがいちばん大切にしている記念品を探しだそう。スポーツ大会でもらったメダルでもいいし、旅行のおみやげでもいい。いちばん大切だと思う記念品を机の上に置き、そして、思い出にふけるのだ。これをみんな午後7時までにしてしまうのだ。すると、不思議なことにパワーがみなぎり、元気が出てくるぞ。

28

MATRIX NUMBER

[プロローガ]

決してあきらめずに再挑戦を誓う復活を象徴する守護女神。
このカードを持つとカラダじゅうにパワーがみなぎり、強い精神力が手に入る。

テーマ別・キミのガーディアンからの助言と予言

HEALTH
[健康のガーディアン]

健康にいいラッキーフードはジャガイモ、そして野菜。木になっている果実類、イチジクやリンゴなどもいいよ。

JOB
[勉強・仕事のガーディアン]

連続したもの、積み重ねたものが、キミの勉強や仕事に幸運をもたらすアイテムだ。でも、いったい、それってなんなんだろ？ 積まれた百科事典、階段、重ねられたお皿、積み重ねられたイス。そういえば、この「モー娘。占い」の数秘カードも連続したものだね。考えれば、もっともっと出てきそうだが、目の前にふと、そんな「連続したもの」「積み重ねたもの」が現れたら、幸運の前兆《ぜんちょう》が現れたと思おう。

ADVENTURE
[冒険のガーディアン]

季節は冬、方角は北東がキミの冒険には適している。北東といっても、それが外国なら、カナダやアラスカにあたる。しかも冬ときたら、これってハンパじゃなく大冒険だ。どう？　する？

FRIEND
[友情のガーディアン]

つきあいがとだえたかと思うと、ふとしたきっかけで友情が復活したりなんてことが多いかも。中でも、ものすごく背が高い友だちや、反対にものすごくチビの友だちとは、そんな、消えたり復活したりのつきあいを繰り返すだろう。そして、その分、一生続く長いつきあいになりそうだ。友情にとってのラッキースポットは、道路の行き止まりに立っている家、そして墓地、橋。友だちのだれかが、そんな家やスポットに近いところに住んでいたら、そのコの部屋におじゃまして遊ぶと友情が深まるかも。

MONEY
[お金のガーディアン]

金運がアップするラッキーナンバーは10。ラッキカラーは黄色だ。ラッキーアイテムは印鑑と定期預金。家族や親戚《しんせき》、知り合いなどに銀行マンか建築家の人がいたら、彼らから得する情報が得られるだろう。また、相続にも縁があるぞ。

LOVE
[恋愛のガーディアン]

幸運を呼ぶラッキースポットは橋、バスや市電の停留所、神社。デートの待ち合わせにつかうべし。デート場所には北東の方角がベスト。しかも、丘の上にある古城《こじょう》のような場所だと愛が深まる。

FAMILY
[家族のガーディアン]

家族の中でいちばん年下の男のコ、つまり男の末っ子がキミに幸運を呼ぶ。もし、キミ自身が末っ子なら、親戚《しんせき》の中でいちばん仲のいい年下の男の子がラッキーパーソンになるだろう。そのコがいると、家族とキミがケンカしたときでも、その対立をやわらげてくれる状況をつくり出してくれるはずだ。

SOUL
[心のガーディアン]

落ちこんで元気をなくしたとき、犬や猫を飼っているのなら、その犬や猫がキミの元気を復活させてくれるし、おそらく、実際ずっとそうだったにちがいない。でも、キミに愛犬や愛猫がいないなら、こんなふうにするといい。すなわち、動物園に行くのだ。とはいえ、犬や猫に会いに行くためではない。キミにエネルギーをチャージするもう一つの動物、虎──タイガーに会いに行くのだ。キミに縁のある動物は、この虎と龍。龍は想像上の動物だから、ここは虎しかない。午後1時から午後5時までのあいだに、動物園に行き、虎とご対面しよう。曇り空の日ならなおいい。体内にエネルギーがわいてくるような感じがしてくるはずだ。

29

MATRIX NUMBER

[インテシオン]

神秘的な能力である直感を象徴する守護女神。
このカードを持つと勘が鋭くなり、理解力や判断力が増す。

テーマ別・キミのガーディアンからの助言と予言

HEALTH
[健康のガーディアン]

キミは暑い季節や暑い日のほうが体調がいいだろう。ラッキーフードは貝類にうなぎ。赤飯は健康面に限らずキミに幸運を呼ぶラッキーアイテムだ。

JOB
[勉強・仕事のガーディアン]

カメラマンやジャーナリストなどのマスコミで働く人や、広告業界で働く人などに縁がある。そういう仕事につくのかもしれないし、そういう仕事をしている知り合いや先輩が、キミの勉強や仕事になんらかの手助けをしてくれるのかもしれない。場所としても派手《はで》なスポットが幸運を招きやすい。でも、いったい、派手なスポットって、どこ……？

ADVENTURE
[冒険のガーディアン]

6月に南に行くと、最高に刺激的な体験をすることができるはず。しかも、暑さや太陽はキミのラッキーアイテムだから、まさに南の島などは理想的。ラッキー動物のカメレオンにも会いたいぞ。

FRIEND
[友情のガーディアン]

キミが親友に出会いやすい場所は、入試や模試の会場、博物館、お寺、美容院などだ。また、地図がラッキーアイテムだから、入試なら地図が問題に出てきた科目の時間の前後や、博物館で古い地図などを見ていたときに出会った友だちなんてのが、一生を通じての大親友になりやすいぞ。

MONEY
[お金のガーディアン]

金運アップのためのラッキーナンバーは7。ラッキーカラーは赤だ。今は関係ないかもしれないが、株などの証券に縁があるぞ。

LOVE
[恋愛のガーディアン]

なんといっても、晴天で太陽がギラギラ輝く暑い日こそが、キミの恋愛運がアップする日。方角も南がラッキーだから、デート場所には実際に南の方角に行くか、南の熱帯などをイメージさせる遊園地やレジャースポットに出かけるといいぞ。クジャクやインコといった南を連想させる鳥、熱帯魚やカメレオン、亀などもキミに幸運を呼ぶので、そんな動物がいるスポットだったら、デートは最高に盛り上がるはずだ。

FAMILY
[家族のガーディアン]

中年のおばさんが、家族関係のキミのラッキーパーソン。とはいえ、お母さんじゃない。親戚《しんせき》のおばさん。しかも、若くてはダメ。中年じゃなくっちゃいけない。そんなおばさんが、キミと家族の関係をスムースにする役割を果たしてくれるはずだ。

SOUL
[心のガーディアン]

落ちこんで元気をなくしたなら、晴天の暑い日を選んで、水族館に出かけてみよう。南の海にすむ魚に会いに行くのだ。熱帯の魚はキミの生命力をアップさせる動物だし、ウミガメもまたそうだ。水槽のガラスごしに、優雅に泳ぐ魚たちを見ていると、なぜか元気が出てくるはず。さらに、虹の光もまたキミに幸運を呼ぶアイテムだから、プリズムみたいに透明なガラスやプラスチックでできたアクセサリーなどを身につけて出かけると、なおいっそう元気が出てくるぞ。

30

MATRIX NUMBER

[マラビーヤ]

おもいもよらない自分の力への驚きを象徴する守護女神。
このカードを持つと自信にあふれ、今までできなかったことができるようになる。

テーマ別・キミのガーディアンからの助言と予言

HEALTH
[健康のガーディアン]

カラダの具合を悪くしても、すぐにケロリと治ってしまい、まわりが驚くなんてこともしょっちゅうかもしれない。ラッキーフードは水。おいしい水がキミの健康運をアップさせる。

JOB
[勉強・仕事のガーディアン]

水に関係する人間やできごとがキミの勉強や仕事に幸運を招いてくれそうだ。水道、湖、ダム、河川、飲料水などに関わる人には注目しておこう。また、キミの場合、試験などの一発勝負では、まわりが驚くほどの力を発揮するはず。とはいえ、ふだんの努力の積み重ねがあってこそ可能なのだと、キミ自身がよく知っているはずだ。油断や慢心《まんしん》は禁物だぞ。

ADVENTURE
[冒険のガーディアン]

波乱とその克服を暗示するのが、キミのガーディアンのシンボルだ。遠くに旅するまでもなく、日常生活にキミの冒険はひそんでいそうだ。波乱と克服。たいへんそうだが、がんばれ!!

FRIEND
[友情のガーディアン]

友だちとの関係に波乱が多いかもしれない。波乱といえば、なんかいいイメージはないが、これをドラマチックと言いかえれば、なんとなく面白そうな感じになるぞ。キミはそういうドラマチックな友だちとの関係を、驚くべき力で修復したり、コントロールしたりができる。さて。友情のラッキースポットは、水に関係した場所。プールや湖などで遊べば友情が深まるぞ。

MONEY
[お金のガーディアン]

金運をアップさせるラッキーナンバーは、ガーディアンのマトリクスナンバーと同じ30。ラッキーカラーは青。水に関係したものが幸運を招いてくれるぞ。

LOVE
[恋愛のガーディアン]

デートをするのなら、プールや湖、水族館、海などが最高にいいぞ。着るものも、青やエメラルドグリーンなど、水をイメージさせる色の洋服にする。アクセサリーも同様。カフェに行ったなら、キミはミネラルウォーターをオーダーすべし。とことん、水づくしで行くのだ。そうすれば、デートはパーフェクトに盛り上がるはず。

FAMILY
[家族のガーディアン]

家族にさまざまな波乱がまきおこっても、キミはつねにそれを解決できるパワーを持っている。キミには、他のガーディアンのシンボルが暗示するようなラッキーパーソンは存在しない。しいていえば、キミ自身がラッキーパーソンだ。

SOUL
[心のガーディアン]

落ちこんで、元気をなくしたなら、キミのガーディアンのシンボルに隠されたアイテムである「水」の助けを借りてみよう。まず、早起きして、池か湖など、水がたたえられている場所へ出かけよう。小川などでも大丈夫だ。その時間、湿度が高く、霧などが出ていたらさらに効果大である。目的地に着いたら、水面に指をつけ、かきまぜるようにして小さな渦巻《うずま》きをつくるのだ。そして、この小さな渦巻きが永遠へのドアなのだと想像し、思いをはせてみる。渦巻きの向こうに別の世界が広がっているのだと想像するのだ。するとほら、カラダにパワーがみなぎってきた感じがしてこないか？　キミはもう元気がとりもどせたはずだ。

CHAPTER 2

すべてはマトリクスにきけ!!

進路に迷ったときも、決断ができないときも、だれにも相談できないときも、
キミはもうひとりぼっちじゃない!!
キミはどんなことでもマトリクスにきくことができるのだ。
マトリクスはキミに守護女神たちからのアドバイスをおくる。
そこには、キミがほしかった答えが記されているにちがいない。
さあ、準備するのはまたしても30枚の数秘カード。
では、守護女神たちからの託宣を受けとる方法をこれから伝授しよう。

これが守護女神からアドバイスを受

1 アドバイスを受けとるためには、まず、質問したい事柄を心に強く思う。次に、下の図のようにして30枚の数秘カードから2枚を選び、その選んだカード2枚の惑星マークの組み合わせからアドバイス・サインを見つけるのだ。

アドバイス・サインはこうして見つける

1 たずねたいことを強く思いながら、シャッフルしたカードを決められた順(26ページを見てね)に2回ならべる。それぞれの位置に2枚ずつ、計18枚のカードがおかれるはずだ。

2 占いたいテーマの位置のカードを取り出す。恋愛についてのアドバイスを知りたいのなら、魔法陣7の位置のカードを取り出すわけだ。

3 取り出した2枚のカードをめくって表側にし、上下にならべる。次にカード右下の惑星マークに注目。この場合は上(TOP)が金星、下(BOTTOM)が火星という組み合わせになる。つまり、このときのアドバイス・サインは金星[上]+火星[下]ということだ。

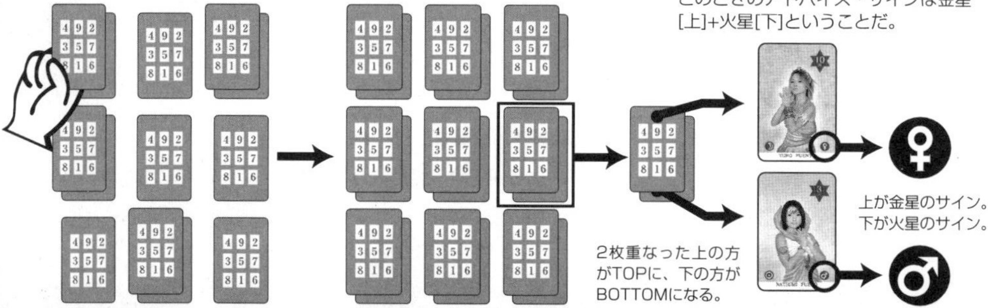
2枚重なった上の方がTOPに、下の方がBOTTOMになる。
上が金星のサイン。
下が火星のサイン。

けとる方法だ!!

2アドバイス・サインがわかったなら、次のページからの「未来へのアドバイス」で、そのアドバイス・サインに一致するページを探そう。そこに、守護女神たちからのアドバイス・メッセージがのっているのだ。たとえば、金星[上]＋火星[下]のアドバイス・サインなら、195ページにそのアドバイス・メッセージがのっているぞ。

さあ、アドバイスの受け取り方はわかっただろうか。30枚のカードをシャッフルして順番に2回おくのがミソ。このとき、精神を集中し、自分がたずねたいことがらを心に強く思うことが大切だ。この占いは、キミ自身の潜在的な力を利用する占いでもあるから、この精神集中は何よりも大切だ。

また、同じことがらで2度占う場合は、かならず1日以上の日をあけておこなうようにしよう。

次のページに、どのアドバイス・サインなら何ページを読めばいいのかが素早くわかる早見表をのせておいたので、これを利用すると便利だろう。

■惑星マーク一覧

☿ 水星 MERCURY

♀ 金星 VENUS

♂ 火星 MARS

♃ 木星 JUPITER

♄ 土星 SATURN

♅ 天王星 URANUS

♆ 海王星 NEPTUNE

♇ 冥王星 PLUTO

未来へのアドバイス

TOP

♇ 冥王星	♆ 海王星	♅ 天王星	♄ 土星	♃ 木星	♂ 火星	♀ 金星	☿ 水星	BOTTOM
241	233	225	217	209	201	193	185	☿ 水星
242	234	226	218	210	202	194	186	♀ 金星
243	235	227	219	211	203	195	187	♂ 火星
244	236	228	220	212	204	196	188	♃ 木星
245	237	229	221	213	205	197	189	♄ 土星
246	238	230	222	214	206	198	190	♅ 天王星
247	239	231	223	215	207	199	191	♆ 海王星
248	240	232	224	216	208	200	192	♇ 冥王星

アドバイス・サイン早見表で目的のアドバイスを発見だ!!

表のいちばん上の行は上下に2枚並べたカードの上（TOP）の惑星を、右端のたて列は下（BOTTOM）の惑星を表す。もし、キミのカードの上側（TOP）が金星で、下側（BOTTOM）が天王星だったとしたら、上の行の金星と、右の列の天王星がまじわるところを見る。そこに「198」と書かれてある数字が、このアドバイス・サインに一致するアドバイスが書かれてあるページナンバーだ。

ゴーサインが出た!! 迷わず やりたいことは、今すぐ始めよう。

やりたいことがアレコレ出てきたり、以前からの夢にチャレンジする気になったりと、今のキミはやる気十分。思った通りに行動すれば、何でもすんなり進むはずだ。「無理かも…」なんて迷いは捨てて、突き進んでいこう。

ただし、幸運期だからといって、待ってるだけじゃいけない。「いいことないかな」とタナボタを期待したり、「誰かがなんとかしてくれる」と人まかせにしてちゃ、せっかくの運は逃げていく。たとえば好きな人がいるなら、自分から告白をしよう。夢があるならコンテストやオーディションに挑戦しよう。すべてにおいて、自分からアクションを起こすべきだ。大切なのは気合いだよ。がんばれ!!

とはいえ、すぐにいい結果が出ないからと短気を起こしちゃいけない。自信過剰もダメだ。人を見くだした態度を取ると、みんなにヒンシュクを買い、味方してもらえなくなったりなど、つまづきのもとになる。強引に押すだけじゃなく、まわりへの思いやりも忘れないようにしよう。

TOP

MERCURY
[水星]

BOTTOM

MERCURY
[水星]

SIGN
[生成発展]

TOP

MERCURY
[水星]

BOTTOM

VENUS
[金星]

SIGN
[受け容れること]

タナボタ運がツイてる!! 無理をせず流れにまかせれば、何でもうまくいく。

グイグイ押すだけが能じゃない。ときには、流れにまかせたほうがうまくいく場合もある。このサインが出たら、“運を天にまかせる”くらいのラクーな気持ちで過ごすべき。

たとえばサークルやクラブなどを決める時だ。友達とのおつきあいで試しに入ってみるというのも悪くないよ。あんがい、そんな流れの中から、キミの才能が見つかる場合も。

やりたいことがある時も、グイグイ自己主張するのはよそう。タナボタ運のある時だから、むやみにがんばらないほうがかえっていい結果が出る。まわりが勝手に気をつかってくれて、気がついたら願いが叶《かな》ってた、なんて展開も多いはず。

タナボタ運を全開にするコツは、プラス思考で過ごすことだ。いい方向に考えるとホントにうまくいく。反対に、悪いことばかり考えてると、失敗や不運を呼んじゃう。だから、マイナス思考はやめよう。勉強でも恋でも、スポーツや趣味でも、「絶対うまくいく」と信じれば、夢はかならず叶うぞ。

もうちょっとのガマン!! 思い通りに進まなくてもイライラしないこと。

このサインが出た時は、しばらくガマンが必要だ。やりたいことをスタートさせても、思い通りに進まず、イライラするような、そんな出来事が続いてしまいそうなのだ。

好きな相手にはなかなか思いが伝わらないし、いくらがんばっても学校の成績がちっともあがらなかったり……。そのせいでイラついちゃうことも多い。

だからといって投げ出したりするな。勉強や趣味、スポーツなど、なんでもそうだ。うまくいかないからと「どうでもいいや」とあきらめたら元も子もない。もうちょっとがんばれば、絶対うまくいき始める時期にいるのだから!!

片思いの場合だって同じだ。あと少し、相手の気持ちが育つのを待とう!!

なにかをスタートさせたら、それが実るまでには時間がかならずかかる。それを待つ忍耐力を育てることが、今のキミの課題なのだ。さあ、もうひとふんばりしてみよう!!

TOP

MERCURY
[水星]

BOTTOM

MARS
[火星]

SIGN
[試練と忍耐]

TOP

MERCURY
[水星]

BOTTOM

JUPITER
[木星]

SIGN
[謙虚]

鼻高々でいると失敗しそう、要注意!!
目立たないよう、控えめにふるまおう。

　このサインが出たら、自信満々な態度やうぬぼれはいけない。「自分ならできる」と鼻高々でいる時や、リーダーなどの目立つ役回りを「やらせて!!」と強気で出た時にかぎって大失敗しそうだ。みんなの前で大ハジをかく、なんて危険が今はいっぱい!!

　今のキミにいちばん大事なのは"謙虚《けんきょ》さ"。先輩や先生、両親にアレコレ言われても、「うるさいなあ」なんて反抗しないことだ。目上の人の言うことは、とくに素直に受け取ろう。

　また、仲間や友達におだてられても、いい気になっちゃダメだ。今のところは、「そんなことないよ」と控えめに答えておこう。出るクイは必ず打たれる時だから、まわりに歩調をあわせておけばまちがいない。気をつけよう。

　また、勉強や趣味などは、いくら自信があっても、適当にすませたりしないこと!!　イチからやり直すくらいのつもりでいたほうが、今は正解。そうしてマジメに取り組む中から、新しい発見も見つかるはずだ。

MERCURY
[水星]

SATURN
[土星]

SIGN
[待て]

これは“待て”のサイン!! 焦らず時期を待てば、必ずうまくいくと信じよう。

これは“待て”のサイン。やりたいことはすぐにはかなわないかもしれないが、焦《あせ》るな。たとえ、ちっとも前に進んでないように感じても、ダメになっちゃうわけじゃない。

今はチャンスを待たなくてはいけない時期。あきらめなければ、かならずいい方向に動き出すはず。今のところは、それを信じてればOK!!

ただし、ぼんやりしてるだけじゃいけないよ。

やるべきことはコツコツ続けるべきだし、いざチャンスの時に好機を逸《いっ》したりしないよう、心の準備も万全にしておこう。

たとえば片思い。ふいに声をかけられてもうろたえるだけだけど、声をかけられたらこう答えようと心で事前にシミュレーションしておけば、スムーズかつクールに対応できるはず。

試験やスポーツの試合、受験の面接など、何でも同じ。いざという時、あわてたりしないよう、心がまえだけはしっかりもっておこう。それさえできれば、チャンスは必ずつかめる!!

TOP
MERCURY
[水星]

BOTTOM
URANUS
[天王星]

SIGN
[いさかい]

衝突やケンカが起きそうだ。目立たないよう、静かにふるまおう。

これは“いさかい”のサイン。恋人とケンカしたり、学校やサークルで意見がわれるなど、衝突《しょうとつ》が多そうなので気をつけよう!!

また、キミはちっとも悪気じゃないのに、なぜかうまくいかないことも多い。ちょっとした言い方を誤解されたり、「友達のため」と思ってやったことが「よけいなお世話」とうるさがられちゃうなど、いき違いもある。

トラブルを起こさないためには、控えめにしてるのがいちばん。出しゃばったり、やりすぎはダメだ。やりたいことも今はガマンしておこう。

それから、困ったら目上の人に相談するといい。もしキツいことを言われてもムッとせず、素直に従うことが今は大事だ。

また、いちばん大切なのは、キミ自身がカッカしたりしないこと!!　ケンカで「相手が悪い」と思っても、もう一度自分をふり返ってみよう。あんがい自分に原因があることも多いはずだ。その謙虚《けんきょ》ささえあれば、争いごとはグンと減ってくる。

何でも始めが大事だ。道さえ間違わなければうまくいくはず。

スタート地点は大事だ。何かを始める前には、かならず一度立ちどまり、スタートラインを見まわしてみることだ。計画をキチンと立てないでゴリ押ししたり、本心じゃないのにイヤイヤ始めるなど、コトの始まりに無理があったら、いくらがんばってもうまくいかないからね。

反対に、本心から「やりたい!!」と確信がもてる計画なら、今すぐ始めて大丈夫。その計画がみんなに喜んでもらえるなら、なおGOOD!!　多少無理めの計画でも絶対うまくいくはずだ。成功を信じよう。

受験や就職活動や、サークルを選ぶ時でも、何でも最初が肝心。恋の相手を選ぶ時も同じだ。選択を間違えなければ問題があっても切り抜けられるはず。

もしも今、どうにもならない問題をかかえてる人は、もう一度初心にかえることだ。「道を間違えた!!」と思ったなら、勇気を持って最初からやりなおそう。今度は方向を間違えないよう、くれぐれもよく考えよう。

TOP

MERCURY
[水星]

BOTTOM

NEPTUNE
[海王星]

SIGN
[確信を持て]

TOP

MERCURY
[水星]

BOTTOM

PLUTO
[冥王星]

SIGN
[よい意志疎通]

人との縁が広がる時だ。オープンに、素直に振る舞おう。

これはコミュニケーションが深まるというサインだ。人との縁が広がったり、いい友達ができるなど、人づきあいがツキまくる。

楽しい誘いが続いたり、以前からの夢がまわりの手助けで実現したりと、ラッキーな出来事もある。学校やサークル、職場などで先輩や仲間に実力をみとめられ、やりたかったことをまかされる、なんていう人も出てきそうだ。

もちろん、恋も期待していいぞ!!　出会ってすぐに話がはずみ、あっという間に恋人に、なんてすごい展開もありがちだ。片思い中の人は、友達に応援をたのむことだ。間に立ってもらうと、これまで話もできなかった人とも、すぐになかよくなれる。

ただし、こんないい運気も、考え方ひとつで台なしになる。疑り深かったり、仲間の行動にカリカリしていては、いい縁は近づいてこない。

大切なのは、相手を信じ、オープンで素直な気持ちで過ごすこと。それができれば、縁はドンドン広がるよ。

小さな障害が持ち上がりそう。あきらめずにこのまま進めると解決できる。

勉強や仕事のプランが思い通りに進まなかったり、趣味やスポーツ、恋でライバルが出てきたり……。このサインが出た時は、思わぬ落とし穴が待ってる恐れが大だ。

だからといって、落ちこんだり、「もうやーめた」と投げ出したりはしないこと。今持ち上がってる問題は、実はたいしたことじゃない。あとから振り返れば「な〜んだ」という類《たぐい》の小さなものだ。冷静に、どっしりと構えていれば必ず解決できる。

大切なのは、短気やヤケを起こさないこと。どんな問題が起こっても、あきらめずに、これまで通りに進めていこう。いつかは絶対うまくいき始める。

障害を乗り越えてしまえば、それが勉強や仕事のトラブルだったときには実力がグンとアップしているはずだし、恋や人間関係の悩みだったら人間的にひとまわり大きく成長できたはずだ。たとえ「とても解決できない」と思う時でも、自分を信じて進もう。キミなら絶対大丈夫!!　ぜったい乗りこえられる!!

TOP

VENUS
[金星]

BOTTOM

MERCURY
[水星]

SIGN
[小さな障害]

TOP

VENUS
[金星]

BOTTOM

VENUS
[金星]

SIGN
[挑戦]

これはチャレンジのサイン!! 「無理」と思ってもあきらめないで、ぶつかっていこう。

これは“挑戦”のサイン。

今のキミには、「どうしよう」と迷ってることや、「自分にはできない」と尻込《しりご》みしてることがあるはずだ。でも、あきらめるのはまだ早い!! このサインが出たら、そういった二の足を踏んでいたものにこそ、あえて飛び込むのが正解なのだ。

逃げたり、避けたりしていたら運は開けない。結果を思い悩むヒマがあったら、たとえ無謀《むぼう》と思っても、体当たりでチャレンジしていこう。恋の告白を迷ってる場合もそうだし、進路を選ぶ時でも同じこと。「当たってくだけろ」の精神でぶつかってこそ、新しい可能性も芽生えてくるんだ。

ただ、そんな時でも、まわりへの心配りは忘れないでね。たとえば目上の相手には礼儀正しく接するべきだし、ライバルにだって思いやりを見せるべきだ。そんなふうに気配りができれば、味方もふえて、キミのチャレンジもますます有利に運ぶだろう。くれぐれも、自分勝手はいけないぞ。

何でもうまくいく絶好調期!!
自信を持ってやりたいことにぶつかろう。

絶好調期がやってきた!! キミ自身、気力も体力も充実でやる気まんまんだし、運もキミを応援してる。ふだんなら「無理」とあきらめてしまいそうなことでも、今なら「がんばってみよう」と思えるはずだ。それに自信を持って行動できるから、たとえ高望みでも何とかなっちゃうケースが多いのだ。

進路を決めなきゃいけない、なんて人なら、無難《ぶなん》な道を選ぶより、ホントにやりたい方向に進むべきだし、恋だって同じこと。「自分なんて」と引いてるようじゃ、せっかくの運がもったいない。競争率高めのあのコでも、振り向いてもらえる可能性大アリだから、素直に気持ちを伝えよう。

いちばん大切なのは、気の持ち方。たとえ問題や障害が持ち上がっても、絶対にあきらめないこと。勉強でも仕事でも恋愛でも、一度「こうするんだ」と決めたら、何が起こっても辛抱《しんぼう》強く続けよう。やる気さえなくさなければ、今なら運も味方して、どんな問題も乗り越えていけるぞ。

TOP

VENUS
[金星]

BOTTOM

MARS
[火星]

SIGN
[安泰]

TOP

VENUS
[金星]

BOTTOM

JUPITER
[木星]

SIGN
[停止]

このサイン が出たら要注意!! うまくいってたことにストップがかかっちゃうかも?

このサインが出たら要注意。これは“ストップ”のサイン。ここしばらくは、「ツイてない」と感じることが続きそうだ。

たとえば、希望の進路に向かって努力していたのに、急に親から「それはダメ!!」とストップかけられたり、恋人との仲を誰かに邪魔《じゃま》されたり……。これまでうまくいってたことでも、気は抜けない。思いがけない障害でオジャンになり、ドーンと落ち込む人も多いだろう。

こんな時は、やりたいことがあっても、強引に進めないほうがよさそう。たとえつらくてもコツコツ努力は続けつつ、あせらず時期を待つのが吉だ。

ただし、心まで消極的になっちゃいけない。「どうせ無理」のネガティブ思考はNG。問題が多くても、あきらめなければ時間はかかるが乗りこえられる。また、そうして問題を解決していけば、自信もつくし、人間的にもぐっと大人になる。トラブルを成長のチャンスと思い、勇気を持ってぶつかっていこう。

大切なのはチームワーク。みんなでがんばれば大きな目標でも必ず叶う!!

　このサインが出たら、チームワークをいちばんに考えよう。どんなに自信があることでも、「一人でできる」とうぬぼれて、スタンドプレーに走っちゃダメだ。今は、仕事でも勉強でも、一人でやるより、仲間といっしょのほうがスムーズにいく。

　何か新しいことを始めようと思ってる人は、サークルやクラブなど、仲間といっしょに取り組むやり方のほうを選ぼう。そのほうがグンとはかどるし、仲間と切磋琢磨《せっさたくま》するうちに、大きな成果もあがるはず。

　うまくいってる時でも、手柄をひとりじめしよう、なんて心のせまいことじゃいけないぞ。「みんなでいっしょにがんばった」という姿勢をあくまでもつらぬくべし。

　また、自分の損得ばかりを考えるのもダメだ。仲間との絆《きずな》もバラバラになるし、せっかくの運も落ちていく。

　みんなのプラスになれば、結果的にはキミも前進できると考えて、心を広く持つことが大事だぞ。

TOP

VENUS
[金星]

BOTTOM

SATURN
土星

SIGN
[仲間との協力]

TOP

VENUS
[金星]

BOTTOM

URANUS
[天王星]

SIGN
[叶えられる望み]

望みは何でもかなう、超ラッキー運!!
やりたいことにトライしよう。

キミさえ望めば何でも叶《かな》えられる、大好調期だ!!　やりたいことや目標があるなら、たとえ無理だと思っても、どんどんトライしよう。意外なほどすんなり進み、気がついたら夢が叶ってる、なんてケースが多いはずだ。

恋の告白、進路や勉強、趣味、習い事など、なんでも大吉。今のうちに、コマを進められるだけ前に進めておこう。

また、今のキミからは、人を引き寄せるオーラが強烈に出ている。仲間うちでもチヤホヤ持ち上げられそうだし、コンパや集まりではいつもいちばんの人気者になりそうだ。異性にもモテまくり、王様や女王様の気分を味わえそうだ。

ただし、こんな大好調期でも、調子にのってると、みんなにヒンシュクを買う可能性も。それがキッカケでツキが遠のくこともある。

好調期こそ、まわりの人への思いやりや謙虚《けんきょ》さを忘れないでいたいぞ。

一歩譲ったほうが、何でもスムーズに進む時。出しゃばりはダメ!!

これは“謙譲《けんじょう》”のサイン。このサインが出たら、グイグイ押すより、一歩ゆずることを考えよう。

たとえば、学校や職場、サークルでは、リーダー役にしゃしゃり出るより、縁の下の力持ちにまわるべきだ。また。これまでライバルとして張り合ってきた相手がいるのなら、「負けたくない!!」と火花を散らすだけじゃなく、相手の実力や良さも認めてみよう。恋人がいる人は、ワガママばかり言わずに今は相手に尽《つ》くす役に回ることだ。

そんなふうに、人を認めたり、立てたりすることが、とても大事。人を手伝ううちに、キミの実力がみんなから認められるなんてこともある。いずれにしても、つねに人間関係がスムーズにいっているのなら、キミが何かをやる時にもまわりからプッシュしてもらえ、とても助かるはずだ。

一歩ゆずることが、結果的にはキミにもプラスに働くのが今。くれぐれも、自己中心的な行動だけはやめよう。

TOP

VENUS
[金星]

BOTTOM

NEPTUNE
[海王星]

SIGN
[謙譲]

TOP

VENUS
[金星]

BOTTOM

PLUTO
[冥王星]

SIGN
[熱中]

キーワードは“熱中”。一生懸命がんばればなんでも前に進められる。

今いちばん大切なのは、キミのやる気!! 熱中して取り組んだことは、必ずプラスの結果につながるのが今だ。

だから、趣味や習い事など、やりたいことがある人は、今すぐ始め、トコトンがんばってみよう。そこから将来の可能性が開けてくる。

ただ、好きなことなら熱中してがんばれても、苦手なこととなるとめんどくさいものだ。勉強や仕事だと、「テキトーにすませよう」という考えも浮かぶ。

でも、そんなときでも、キミ自身が楽しんで取り組めば、結果はまったく違ったものになる。無理にでも「楽しい」と自分に言い聞かせて、集中的にがんばろう。それができるのも今だ。

この時期をすぎると、ニガ手分野がいつの間にか得意分野に変わってる場合も多いはず。なまけグセやさぼりグセはおさえ、前向きに体当たりしていこうね。

人の意見やまわりの状況に従おう。自分勝手はいけない。

これは“従順”という意味のサイン。このサインが出たら、「自分の力でなんとかできる」というゴリ押し主義はやめるべきだ。人の意見に従ったり、状況に従って行動を決めたほうが、なんでもスムーズに進むはずだ。

迷いが出てきたら、自分勝手に進めるのはつまづきのもと。仲間や先輩、親などに相談し、意見を聞くのがいい。相手の意見がキミの意見と違っても、聞き流したりしないこと。自分の気持ちはひとまずおさえ、相手に従ったほうが、今は問題解決はグンと早い。

また、やりたいことがある時も、見切り発車はいけない。みんなに反対されてるのに無理に始める、なんて流れに逆らうようなやり方は×。状況が整わない時は、はやる気持ちを抑《おさ》えて、リサーチに時間を費やし、まずは準備を始めることだ。そして、状況がととのったら、やおらスタートするのがいい。

状況に柔軟にあわせるやり方をおぼえよう。

TOP

MARS
[火星]

BOTTOM

MERCURY
[水星]

SIGN
[従順]

TOP

MARS
[火星]

BOTTOM

VENUS
[金星]

SIGN
[堕落]

なれあいや惰性に要注意!!
古いものは捨てて新しい世界に飛び込もう。

　このサインが出たら、一度自分のまわりを総点検しよう!!　これは“堕落《だらく》”を意味するサインだ。キミのまわりや心の中に、腐《くさ》りかけてるものが何かあるのかも？

　たとえば、恋人や友達との関係。腐れ縁やなれあいになって、おたがい嫌気がさしていたりしないか？

　勉強や仕事、趣味はどうだろう。熱意もなくなってるのに、ただ惰性で続けてるなんてことはないか？

　腐れ縁を引きずってると新しい出会いはないし、仕事や勉強はダラダラやってても意味はない。

　過去にこだわるのはやめて、新しいもの、新しいことに飛び込んでいこう。

　恋を失いたくない場合は、二人でしっかり話し合うなど、関係にテコ入れをすべきだ。

　いずれにしても、腐りかけたままほうっておくのはいけない。キチンと対処し、時には切り捨てる勇気も持とう。

あと一歩で望みは叶う!! 最後まで気を抜かないで、このままがんばろう。

コツコツ努力を続けてた人は、もう少しだ。がんばろう。幸運は、もうすぐそこまで来ている!!

勉強や仕事などでキミを評価する人が現れたり、好きな相手がいる人なら、そのコと気軽に話せるようになったりと、よいきざしが少しずつ見えてくる。このままの調子で進めていこう。

ただ、いくらいい波が近づいてるからといって、調子にのっちゃいけない。ここでパタッと努力をやめたりすると、真の好運は来ずじまいに終わっちゃう。最後のツメが大事だ。もうひとふんばり、がんばろう。

マイナス思考にも要注意。調子に乗るのも×だが、「無理かもしれない」と恐れをなすのはもっとダメ。ビクついてると、チャンスに足がすくみ、目前の幸運をみすみす取り逃すことに。

コツコツ努力を続けつつ、「私ならできる」と信じること。こんな姿勢が今はいちばん大事。

きっと運はつかめるはずだ。

TOP

MARS
[火星]

BOTTOM

MARS
[火星]

SIGN
[近づく成功]

TOP

♂

MARS
[火星]

BOTTOM

♃

JUPITER
[木星]

SIGN
[慎重な準備]

行動を起こす前に、よくよく考えて!!
考えなしでは飛び込まないでね

このサインが出たら、一度立ち止まってみること。今いちばん大切なのは、じっくり状況を観察し、しっかりと物事を考える姿勢だ。

やりたいことがあっても、むやみに飛び込んじゃいけない。どんな結果が出るか、まわりからどう受け止められるか、がんばるだけの価値があるか、そもそも自分はホントにやりたいのか、などなど、さまざまなことをじっくり考えるべきだ。

慎重に考えると、何をするにも時間はかかっちゃうけど、今はそれでOK。じっくりと考えた上での行動だったら、必ずいい結果につながるはずだから。

反対に、軽々しく行動を起こした場合は、まちがいなく失敗につながる時だ。無謀《むぼう》な行動はくれぐれも避けよう。

進路の決定や恋の告白、習い事やスポーツへの挑戦など、今はすべてに慎重になろう。

“変貌”の時がやってきた!!
悪いクセをなおすのが、運を変えるカギだ。

これは“求められる変貌《へんぼう》”のサイン。今のままの状態に満足してちゃいけないということだ。もっと上をめざし、努力をしよう。

この変化の時期に大切なことは、今までの習慣を変えることだ。失敗したり、ものごとがダメになっちゃう場合、原因のほとんどが、これまでの悪い習慣なのだから。

たとえば、なまけグセが出て、勉強や仕事に失敗したり。尻込《しりご》むクセが出たために、恋の出会いを逃したり。ひがみグセが出て、仲間とケンカになったり。失敗には必ずパターンがある。今までの失敗をふりかえってみれば、キミ独特の悪い習慣が見えてくるはずだ。

いずれにしても、この変化をよい方向に向けることができれば最高だ。その意味では、大きく重要なチャンスの時期である。

TOP

MARS
[火星]

BOTTOM

SATURN
[土星]

SIGN
[求められる変貌]

TOP

MARS
[火星]

BOTTOM

URANUS
[天王星]

SIGN
[恵み]

前向き気分で過ごせば、
幸運は向こうからやってくる。

このサインが出た時は“笑う門《かど》には福来《きた》る”ということわざを思い出そう。前向きに考え続ければ、すぐにでも幸運が訪れるということだ。

悪いことが起こると、「もうダメ」と落ち込んでしまう。だが、そんなマイナス思考におちいると、ますます悪運を引き寄せる。今のキミは、ちょうどそれとは逆の状況にいる。つまり、前向きにいいことばかりを考えると、ラッキーなできごとがますます増えていくのだ。

とはいえ、願い事をすればすべて叶《かな》うといった、無節操な幸運などではもちろんない。今まで努力を続けてきた勉強や仕事、心の底から願い続けてきた夢、そんなキミが長い時間をかけて挑んできたものごとが、今、続々と成就《じょうじゅ》するということなのだ。

だから、自信をもって、休むことなく前進を続けることだ。前向きに、プラスの方向に、楽天的な気分で、ほほえみを忘れずに!!

無理にものごとを進めてはいけない!!
今はじっと耐え、時期を待とう。

ちょっとハードな運気。このサインは“剥離《はくり》――はがされる”という意味だ。今、無理に物事をすすめると、とんでもない失敗につながり、心がボロボロにひき裂かれる結果になるかもしれない。

何をするにも問題が起こりやすい時だから、今はじっとしているのがいちばんかもしれない。

進路を決めるなど、大きな決断をしなくてはいけない場合は、くれぐれも慎重に。迷いが完全になくなるまで、じっくり考えたほうがいい。ウカツなことはしないこと。

自分の心をよく見つめてみよう。心のどこかに「ホントにこれでいいのだろうか」と迷いがあったり、本心では別のことを欲しているなど、心の中に葛藤《かっとう》があるときに無理に物事をスタートさせても、うまくいかない。今はその葛藤が表面化しやすい時期なのだ。

今は動かず、もうちょっと待とう。

TOP

♂

MARS
[火星]

BOTTOM

♆

NEPTUNE
[海王星]

SIGN
[剥離]

TOP

MARS
[火星]

BOTTOM

PLUTO
[冥王星]

SIGN
[戻ってくる幸運]

ツイてなかった人には、幸運が戻ってくる。心の準備をしておこう。

最近ツイてなかったな、という人は期待していいぞ!!　このサインは“幸運がもどる”という意味。

悪運は遠のき、気分も運も昇り調子になってくる。

アレも、コレもやってみたいと、やる気だって出てくるし、行動し始めたことはトントン拍子に進んで、思わぬ大成功につながったりする。

まずは、気分を前向きに切りかえておこう。悪運ぐせがついてると、「どうせうまくいかない」なんて疑っちゃうことも多いけど、それはダメ。自分を信じて体当たりだ。積極性がいちばん大事。がんばろう!!

ただ、調子にのりすぎないようにしよう。好運に舞い上がり、無計画にことを運ぶと、手痛《ていた》い失敗をしちゃうことも。

クールに行こうね。

考えすぎることなく
子どものように、素直に行動しよう。

　このサインが出たら、頭でアレコレ考えるのはストップ!!“素直”というのがこのサインの意味だから、やりたいことを素直に実行したり、流れのままにまかせるなど、子どものようなやり方が幸運につながる。

　くれぐれも、損得などの打算《ださん》で行動しないこと。

　たとえば恋愛でも、小細工《こざいく》はダメだ。待ちぶせして偶然のフリをしたり、ワザといじわるしてみたり、そんな手をつかえば、相手の心ははなれていくだけだ。それより素直に「好き」とひとこと言ってしまう。そのほうが、ずっと効果的なはずだ。

　また、仕事や勉強などでも、考えすぎはよくない。「こうしたら失敗するのでは？」などと、先回りして考えるのは今はやめておこう。それより、「面白そう!!」とひらめいたら、ポンと飛び込んでしまうのがいいぞ。

TOP

JUPITER
[木星]

BOTTOM

MERCURY
[水星]

SIGN
[素直]

TOP

JUPITER
[木星]

BOTTOM

VENUS
[金星]

SIGN
[停滞]

キミの運は低迷中。でも焦るな。
コツコツがんばれば、それが力になる。

このサインは“停滞《ていたい》”という意味を持つ。

やりたいことがあるのに、ちっとも前に進めなかったり、片思いのまま、いつまでも気持ちが通じなかったりと、思い通りに進まずに、イライラすることが増えそうだ。

学校や習い事、サークルや仕事などでは、面倒なわりにはつまならい役割ばかりを押しつけられる。「こんなことやってどうなるの？」と投げ出したくなることも、きっと多いはず。

でも、あきらめるのは早い!!　たとえ今は前に進んでないように感じても、コツコツがんばっていれば、それが積み重なって、いつか大きな力になるはずだから。

停滞のあとには、かならず大きな前進がある。今だけの辛抱《しんぼう》と思って、未来を信じ、努力を続けよう。ほんものの力をしっかりたくわえておけば、大きな幸運だってグッと引き寄せることができるはず。今は辛《つら》くても、負けるな!!

心と体を育てることが、今のキミの課題。結果はあとからついてくる。

“自分を育てる”ことが、今のキミの課題だ。

とはいえ、運の悪い時期という意味ではない。むしろ、運は少しずつ上昇していくはずだ。

ただ、勉強や仕事、恋愛などで結果を期待するよりも、今は、きちんと勉強したり、物事をしっかり考えたり、たくさん本を読むなどの努力をすべき時期だということだ。人間として成長することを、まず考えよう。それが、これからの幸運期につながっていくという意味のサインなのだ。

だから、恋愛でも、「いい出会いがないかな」などとタナボタを期待しないこと。ファッションやメイクのセンスを磨いたり、魅力的になる努力をしなきゃね。自分自身がひとまわり大きくなれば、訪れる幸運もさらに大きなものになるのだから。

努力とは、内面を育てるための食事みたいなものだ。このことは、つねに忘れないでいよう。

SIGN
[自分を育てる]

TOP

JUPITER
[木星]

BOTTOM

JUPITER
[木星]

SIGN
[大きすぎる幸運]

大抜擢など、大きなチャンスが訪れそう。尻込みせずにゲットしよう。

このサインが出たら、心の準備をしておこう!! たとえば職場や学校、サークルなどで大きな役目をまかされ、大抜擢《だいばってき》されるなど、ビックリするような出来事が起こりそうだ。

ただ、あまりに大きな役目をまかされ、それにプレッシャーを感じる場合もありそうだ。「自分には無理」とハナからあきらめ、投げ出してしまう人もいそう。

でも、ちょっと待て。あきらめるのは、あまりにももったいない。「失敗したらどうしよう」とマイナス面ばかりを考えるのはやめ、「まずはやってみよう」と前向きに受けとめよう。

逆に、自信過剰もよくない。「私なら楽勝でできる」と思いこんでいると、思わぬ失敗に泣くことになる。

自分の力を100%出し切る覚悟で、じっくり取り組むのが、このチャンスの波にうまく乗るいちばんいい方法。がんばれ!!

アンラッキーをあらわすサイン!!
気を引きしめてかかろう。

このサインが出たら気を引きしめよう!! これはアンラッキーをあらわすサイン。思い通りにいかず、無理にコトを進めると、とんでもない失敗をしちゃう可能性もある。

たとえば学校や職場などで失敗し、その場を取りつくろうと言った言葉が、ますます先輩や先生を怒らせて、まずい立場におちいったり。

人づきあいも注意が必要だ。うっかり相手の気にさわることをして、親友や恋人の心がはなれる、なんてこともありそう。

こんな時期には、できるだけおとなしく過ごしたほうが無難かも。

ただ、逆境《ぎゃっきょう》というのは、視点を変えれば飛躍のチャンス。「これ以上悪いことなんて起こらない」と度胸を決め、やりたいことに挑戦するといい。そこから運が開けることだって多いのだ。

息をひそめて不運をやり過ごすか、それとも冒険してイチかバチかにかけるか。選ぶのはキミ次第だ。

TOP

♃

JUPITER
[木星]

BOTTOM

♄

SATURN
[土星]

SIGN
[下降]

TOP

JUPITER
[木星]

BOTTOM

URANUS
[天王星]

SIGN
[燃える火]

今のキミはやたらエネルギッシュ。パワーは正しく使おうね。

　このサインは“火”。しばらくノホホンとは過ごせない。

　サインにはふたつの意味があり、第一の意味はパワーや行動力。もしキミが目標をしぼりこみ、覚悟を決めてかかるなら、大きく前進できるはずだ。ボヤボヤしてはいられないぞ!!

　ただ、もうひとつの意味はやや危険だ。争いや別れを暗示するサインで、異性との関係はとくに不安定。恋人のいる人は、会うたびにケンカになったり、別れにつながる場合も。それ以外にも親友と仲違《なかたが》いしておちこんだり、親や兄弟と険悪《けんあく》になったりと、危険がいっぱい!!　気をつけよう。

　このサインが出た今のキミは、パワーがありあまってる状態。それを正しく使わないと、欲求不満になってしまい、それが人間関係のトラブルにつながるのだ。

　このパワーを夢や目標への挑戦に使い切ろう。今の勢いならば、きっと大きく夢に近づけるはずだ!!

恋も人間関係も絶好調!!
片思いはやっと思いが通じそう。

このサインが出たら、恋愛運がグンと盛り上がってくる!! とくに片思いの人は大前進。今まで気持ちが伝わらず、ジリジリしてたのがウソのよう。目があってニッコリするだけで、相手のほうから話しかけてくれたり、相手も気のあるそぶりを見せてくれたり。

そんな兆《きざ》しが見えてきたらグズグズしないことだ。相手からの告白を待ってるんじゃダメだよ。「好き」と素直に伝えれば、きっとうまくいくはずだ。勇気を出そう。

恋人のいる人は、ますます絆《きずな》が深まってきそう。長いつきあいのふたりは、将来の話が持ち上がるかも。期待していいぞ。

他の人間関係も全体的にいい感じだ。勉強や趣味、仕事には手伝ってくれる人があらわれ、スムーズに進みそう。

ただし、やってもらいっぱなしはいけないぞ。心をこめて「ありがとう」のひとことを言おう。相手を思いやることで、いい縁がますます広がっていくのだ。

TOP

JUPITER
[木星]

BOTTOM

NEPTUNE
[海王星]

SIGN
[深まる愛]

TOP

JUPITER
[木星]

BOTTOM

PLUTO
[冥王星]

SIGN
[継続]

“継続は力なり”。辛くても続ければ、かならずいい結果が出るよ

なにごとも、中途半端《ちゅうとはんぱ》はダメ。勉強や受験、将来の目標、仕事などなど、なんでもそうだ。一度「コレ!!」と決めて始めたことは、たとえ問題が起こっても、投げ出したりはしないこと。あきらめないで続けていれば、絶対なんとかなっちゃうものだ。気分がだらけてやる気が出ない、なんて時も“継続は力なり”のことわざを思い出そう。

人から「無理だよ」と止められるような、どんなに高い目標だって、あきらめないでコツコツ続ければ、必ず達成できるはず。結果を信じてがんばろう。

また、このサインが出たら、人間関係でも“継続”がテーマになる。恋人との仲が冷めてきて、別れを考え始めてる、なんて人はいないか？　もしいたら、もうひとふんばり。今別れると後で後悔しそうだぞ。つきあい始めの新鮮な気分を思いだし、関係改善をはかろう。

「引き返せ!!」。サインが警告している。前に進むのは、今はあきらめよう。

今は、前に進むのはストップすべきだ。ゴリ押しは失敗のもと。ひとまず立ち止まり、これからのことを考えよう。

なぜなら、これは「引き返せ」とキミに伝えているサインなのだから。

勉強や受験、仕事などに、キミ自身、不安を感じ始めていないか？　計画をスタートさせて、これまでは「いい調子!!」と思っていたことも、少しずつ歯車が狂い始めてはいないか？

たとえば、いっしょにやってきた仲間が「私はやめる」と降りたり、好きな相手や親友と心がすれ違い始めたり、そんな兆《きざ》しが見えたなら、気づかないフリをしちゃいけない。そのままほうっておくと、事態はどんどん悪い方向へ向かい、とりかえしのつかない結果になることも。

仕事や勉強のプランなら、今はあきらめよう。人間関係の問題なら、ひとまず冷却期間をおこう。

「今までの苦労が水の泡」とこだわっちゃダメだ。後退するという決断もまた大事なのだ。勇気を出そう!!

TOP

SATURN
[土星]

BOTTOM

MERCURY
[水星]

SIGN
[後退]

TOP

SATURN
[土星]

BOTTOM

VENUS
[金星]

SIGN
[力強さ]

やる気十分、運も味方し、恐いものなしの状態。ほしいものはかならずゲットしよう。

今のキミは、とってもエネルギッシュ!!　「これがやりたい」と目標もしっかり見えてるし、それに向かって走り出す心の準備もできている。「何があってもやり遂《と》げる!!」とやる気も十分。もう誰もキミを止められない。ほしいものもゲットできる。

また、今は運もキミの味方。受験や留学、習い事など、やりたいことは何でもすぐにスタートしよう。このいきおいでつっ走れば、少々無理な挑戦でも、なんとかなっちゃうはずだ。思い通りにガンガン攻めていこう。

もちろん恋でも、このサインはラッキーサイン。片思いの相手がいるなら、「好きだ、つきあって」と強引に押しまくるくらいの気持ちでいこう。

ただ、自分本位ではいけないぞ。好調の時こそ思いやりを忘れないこと!!　また、自信過剰もダメだぞ。「できてあたり前」とうぬぼれてると運ははなれちゃうからね。

上昇気流に乗ってる時だ。迷いや不安は捨て、やりたいことに飛び込もう。

このサインは“前進”を意味し、今のキミが上昇気流に乗ってる状態だということを表す。

学校の成績、趣味やスポーツの実力、仕事など、すべてに力がついて、いい調子だ!! 試験や試合、オーディションなど、勝負事にもツキがある。自信を持ってぶつかろう。習い事を始めるにも、あるいは恋の告白なども、今が絶好のチャンス。グズグズしている場合じゃないぞ。

ただし、挑戦する前に「無理かも」とあきらめたり、障害があると「やっぱりダメ」と不安を感じてはいけない。チャンスを前に腰がひけたり、いざって時にビビってしまうぞ。

悪いことは考えず、「すべてうまくいく」と信じよう。このサインが出た時は運も味方だから、ぜったい平気なのだ!! 迷いなんて捨てて飛び込もう。

TOP

SATURN
[土星]

BOTTOM

MARS
[火星]

SIGN
[前進]

TOP

SATURN
[土星]

BOTTOM

JUPITER
[木星]

SIGN
[暗転]

“暗転”を意味するサイン。どこかでつまづきそうだから、くれぐれも注意を!!

これは“暗転”を象徴するサイン。このサインが出たら注意が必要だ。どこかで何かにつまづく恐れがある。

うまくいっていた計画が突然ダメになったり、仕事や勉強でミスしてしまったり、恋人や友達に突然の別れが訪れたり……。なにが起こってもすばやく対処できるよう、心の準備をしておこう。

トラブルが起きても「もうダメだ」と落ち込むだけじゃなく、もういちど、キミのやり方や考え方に問題はなかったかどうかきちんと振り返ってみよう。やりたくもないことをイヤイヤやっていたり、「なんとかなるでしょ」とおざなりに考えていたりと、キミの取り組み方に問題があったかもしれない。

ピンチの時こそ真剣に考えることが大切。そうすれば、今の失敗を次に生かせるのだから。辛《つら》くても現実から目をそらさずに、がんばろう。

家族のことなら大吉。
とにかく女性がキーポイントだ。

もし、家族のことをテーマに占っているときにこのサインが出たのなら、喜べ。家族の問題はこれで解決するというサインが出ているぞ。家族は仲良くやっていけるし、家の中のことはすべてうまく動き出すだろう。

もし、他のテーマで占ったのなら、それがどんなテーマであれ、女性がキーポイントだということになる。もし、サークルや部活や、あるいは仕事など、集団に関する問題なら、女性をそのグループの中に入れたほうがうまくいく。もしキミが男で、占ったのが恋人との関係なら、彼女のいうことをきいたほうがうまくいくし、そうでなきゃ、彼女の女友達に間にたってもらうとスムースにことが運ぶということだ。

つまり、何に関しても女性をたてて行動せよと言うこと。この女性を、感情ととらえてもいい。理性的にクールに行動するよりも、感情と直感にしたがって行動したほうが万事うまくいくということなのだ。

TOP

SATURN
[土星]

BOTTOM

SATURN
[土星]

SIGN
[よき家族]

前方に巨大な障害物が!!
だが、キミにはそれを克服できる力がある。

目の前に大きな障害物が横たわっている。今はそういう時期にキミはいる。それは、険《けわ》しく高い山に似ている。その山を越えることは、気が遠くなるほどむずかしいことなのだけど、でも、それはどうしてもやり遂げなくてはいけないことなのだ。

よく見れば、峰へとキミを導く登山道が目の前にある。登るべきかどうか、キミの意思しだいだ。どうする？

登るべきだ。たとえ、どんなに困難であろうとも、山を越えるべきだ。登山口を目の前にして、スゴスゴと引き返すべきではない。そんなことしたら、負け犬根性が身についてしまう。

キミは強い人間だ。だから、この障害を克服できないとあきらめたらいけない。

むしろ、キミという人間の強さ、忍耐力、気高さを試すために、この険しい山々が前方にそびえているのだと思おう。

まず、一度深呼吸をしてリラックスし、キミの潜在的な能力を信じ、さあ、登っていこう!!

TOP

SATURN
[土星]

BOTTOM

NEPTUNE
[海王星]

SIGN
[大きな障害物]

TOP
SATURN
[土星]

BOTTOM
PLUTO
[冥王星]

SIGN
[自由にする]

自分も相手も許してあげよう。そして自分自身に休息をとってあげよう。

自分を解き放ち、相手も解放しなさい。それが、このサインのメッセージだ。

つまり、自分も他人も許してあげること。キミをいじめた人、キミを裏切った人、キミをだました人……。キミが怒りを感じているそんな人たちを皆、許してあげることが大事だというのだ。そうすることで初めて、キミ自身も解放され、心が安まり、運が上向くのだ。

また、このサインには、単純にキミには休息が必要だという意味もある。言い方をかえれば「もう、休んでいいよ、ご苦労さん。すべてはうまくいったから」といった幸福なニュアンスがある。

そういう意味では、すこぶるラッキーなサインなのだ。

総じて、このサインのときは、運は上昇している。チャレンジしたいことがあるのなら、始めるべきだね。

一歩後退、二歩前進。今は退却して英気を養うのだ!!

一言でいえば「一歩後退、二歩前進」だ。さらなる攻撃のために、今は少しだけ退却して、準備をきちんと整え、英気を養ったほうがいいというサインのメッセージなのだ。

たとえば、恋愛なら、今は積極果敢なアタックはひかえ、少し時間をおいてみたほうがいいし、仕事上の問題なら、上司や仲間の忠告（たとえ間違っていても）に逆らわずにいたほうがいいということだ。勉強や部活のことなら、今がスランプなら気にやまず、少し目先を変えてみたほうがいいのだ。

もちろん、後退した分、何かが減ったり、損したり、あるいは落ち込んだりすることもあるだろう。でも、次は後退の2倍の前進が待っているのだ。アメフトのように、いったん下がって、次はいっきょにゲインだ。

ちなみに、今、キミに必要なのは、沈黙。悩みを他人に相談してはならない。だれにも言わずに、この「一歩後退、二歩前進」をやり遂げるのだぞ!!

TOP

URANUS
[天王星]

BOTTOM

MERCURY
[水星]

SIGN
[攻勢前の退却]

TOP

URANUS
[天王星]

BOTTOM

VENUS
[金星]

SIGN
[増大]

なにもかもが増えまくる超ラッキー期。が、強欲は運気を下げるぞ!!

増える。いろんなものが増える。お金も、友だちも、信頼も、試験の点数も、洋服の数も、いろんなものが増えていく。

そういう意味では、超ラッキーなサインなのだ。

ただし、喜んでばかりもいられない。あまりに強欲《ごうよく》になりすぎると、否定的な要素もこれまた増えていくのだ。

増大する欲求不満、いや増す不安、増えていく周囲の人々のねたみや嫉妬《しっと》。さらにはラクチンゆえに、体重だって、血圧だって、虫歯だって増えていくかもしれないのだ。

つまり、超ラッキーの時こそ、試練の時だという事だ。

肯定的なものばかりを増やしてくれるのか、あるいは、否定的なものも同時に増やしてしまうのか、それはキミ自身のこの幸運への対応のしかたにかかっている。まずは、心の中のものを増やそう。愛だとか、勇気だとか、忍耐力だとか、そういうものから増やしていこう。そうすれば、お金や試験の点数は自然とあとからついてくるはずだから。

今こそ決断の時なり。先延ばしにすることなかれ。

決断するっきゃないのだ。このサインのメッセージはそう伝えている。もう待てない、決めるしかないと。

見方を変えれば、今、決断すれば、それこそが正しい決断だということだ。つまり、最悪は、今ここにいたっても何も決断しない優柔不断《ゆうじゅうふだん》さだ。

そう、決断しよう。キミが占ったテーマが何かは知らないが、とにかく決めよう。このとき、決断の助けとなるのはキミ自身の第六感、直感しかない。相談しても、正しい答えは得られない。自分の心にきくしかないのだ。その上で、きっぱりと下した決断なら、きっとうまくいくだろう。

ただし、そう決断したことで、争いが生まれたりしてはいけない。調和や、穏やかさの方向にことが進むような決断をすべきなのだ。

TOP

URANUS
[天王星]

BOTTOM

JUPITER
[木星]

SIGN
[出会い]

出会いが増加の時期なれど、男と女とで吉凶相反するのだ。

運命的な出会いがあると、そう、サインからのメッセージは伝えている。ただし、男と女とでは、その吉凶の意味が正反対になる!!

キミが女のコなら、この時期は、たくさんの男のコとの出会いがあるだろう。まさに女王様だ。しかも、この時期に出会った男の子の中には、運命的な恋人がいるのだ!! もしかしたら、キミはその男のコと結婚するかもしれない!! う〜む、これは一大事だぞ。恋人選びには心してかかれ。

反対に、キミが男のコなら、この時期に出会い、キミに強烈な印象を残した女のコは、キミを悪い運勢へとみちびく可能性がある。だからといって、出会いに臆病《おくびょう》になる必要もないし、女のコすべてに警戒心をもつこともない。キミの心から打算的な気持ちを追い払えば、どのコが警戒すべき女のコか、自然とわかるはずだからね。

バツグンの人気運に、たくさんの人間がキミのまわりに集まってくる。

人気運がバツグンだ。クラスや部活や、職場などでモテモテのキミとなるかもしれない。何か新しいことを企画すれば、たちまちに賛同者が殺到したり、どこかに遊びに行こうと言い出せば、僕も行く、私も行く、とかく言う間に人数が集まる。

とにかくキミは人を呼び、人が集まる。もしキミがタレントだったりしたら、曲が大ヒットするような状況だし、もしキミが政治家だったら、当選間違いなしという大人気運の今なのだ。

だが、キミのまわりに寄ってくる人間の中には、キミを堕落《だらく》させる打算的な人間がたくさん混じっている。だから、ほんとうにプラスになる人間、キミにとって大切な人間をしっかりと見いだすことが大切だ。

いずれにしてもキミが占ったテーマが、恋愛やグループ活動についてのものだったら、今のキミはたくさんの人の真ん中にしっかりと立てるということだ。

TOP

URANUS
[天王星]

BOTTOM

URANUS
[天王星]

SIGN
[上昇]

すばらしい上昇運のまっただ中に。すべてのことにGOサインが出たぞ。

現在、キミはとてもすばらしい上昇運のまっただ中にいる。恋愛中ならば二人の仲は最高に盛り上がるし、入試なんかの試験もバッチリだ。

とにかくすべてのことはうそのようにうまくいく。だから、キミが占ったテーマが何であれ、このサインからのメッセージは、GO!!　だ。

ただし、ひとつだけ覚えておいてほしいのは、すべてがうまく行くからといって、行く手に障害物がなにもなくなったということではない。キミの歩む道が高速道路になったわけではないのだ。あいかわらず、障害や困難はキミの行く手をさえぎる。だが、今のキミはそれを乗り越えられるだけの運と力を手にしているということなのだ。

つまり、このすばらしい上昇運とは、“楽勝”という意味ではなく、突き進むキミの背中にジェットエンジンがくくりつけられたような、キミの強靱《きょうじん》な“ターボ化”が完成したという意味なのだと思おう。

とびきりハードな時期が始まる。だが、これは飛躍のチャンスでもあるのだ。

キミはこれから、かなり困った状況に追い込まれるかもしれないし、もしかすると、すでにハードなできごとに出会い、頭を抱えているかもしれない。

しかも、自分の言葉をまともに聞いてくれる人が誰もいない。意見を言っても取り上げられないし、なにかに抗議をしても取り合ってくれない。孤立感も感じることだろう。

だが、絶望的な状況というわけじゃない。むしろ、これから迎える困難な状況というのは、キミにとって飛躍のきっかけとなるかもしれない、逆転のチャンスでもあるのだ。

まず、信頼できる相談相手をさがすこと。その人の忠告を聞きながら、目の前の勉強や仕事に全力をつくそう。新しいことを始める時期じゃないし、始めたとしてもうまくいかない。

また、自分にはこの困難を乗り切ることができるという自信をしっかり持とう。そうすれば、キミは無傷でこの状況を脱することができるし、一発大逆転も可能になるぞ。

TOP

URANUS
[天王星]

BOTTOM

NEPTUNE
[海王星]

SIGN
[困難]

TOP

URANUS
[天王星]

BOTTOM

PLUTO
[冥王星]

SIGN
[眠っている宝]

キミが気づいていない
キミの潜在能力を今こそ引き出せ!!

キミの心の奥底に潜む不思議で大きなパワーに気づこうというのが、このサインからのメッセージだ。

言いかえれば、キミの今の状況を好転させ、変革するためには、他人の力やお金よりも、自分自身の潜在能力を使うべきだということなんだ。

潜在能力を引き出すのは簡単だ。マイナス思考をやめ、プラス思考に転じるだけだ。自分が実現したい状況や結果を頭の中にまざまざと描き、必ず現実のものにするのだと信じるのだ。自分にはそれだけのパワーがあると自信を持とう。

潜在能力とは超能力のようなものではない。キミの中で眠っている可能性や、今まで気づきもしなかった才能のことだ。

今は、そんなキミの心の中の財宝や秘密兵器を太陽の下に引っ張り出すのにうってつけの時期なのだと、メッセージはキミに告げているのだ。

状況を打破するには変革しかない。しかも自己変革なのだ。

このサインのメッセージは“革命”。キミが占ったテーマが何であれ、メッセージが告げることは方向転換であり、変革だ。

おそらく、状況が改善される意欲を忘れるほどすべてがマンネリ化していたり、ぬるま湯的状況の中で積極的果敢な気持ちを忘れていたり、あるいはただただ機械的に何かを繰り返しているだけなのかもしれない。そんな現状に見切りをつけ、すべてを変革しようというのが、このサインなのだ。

ただし、変革するのは目の前の状況ではなく自分自身だ。

もし、キミが占ったのが恋愛問題ならば、相手との関係をうまくいかせるには、相手にいろいろと要求するのではなく、まず自分自身が革命的に変身すべきなのだ。仕事や勉強でも同様。キミ自身が変わらなくては進歩は望めない。

自分を変えるのは勇気がいることだが、このメッセージは今がそのチャンスだということだ。

キミは今、新しく生まれ変わることができるのだ。

TOP

NEPTUNE
[海王星]

BOTTOM

MERCURY
[水星]

SIGN
[革命]

TOP

NEPTUNE
[海王星]

BOTTOM

VENUS
[金星]

SIGN
[支え合う幸福]

すべての面で成功が手に入る最高にラッキーな時期なのだ。

キミは今、最高にラッキーな時期を迎えようとしている。いろんなことがよい方向を向いていて、どんなことでもすべて叶《かな》いそうなほどだ。

恋愛から勉強、仕事など、すべての面で、キミは大きな成功を手に入れるぞ。

ただし、条件がある。この成功は他人との協力があって初めて可能だということだ。キミ一人で実現できる成功ではないのだ。とはいえ、パートナーを探すために、まわりをキョロキョロ見まわす必要なんかない。いつもと同じように、恋人や、友だちや、同僚と協力しあい、そして思いやって、行動すればよいのだ。

いずれにしても、どんなテーマについても、サインのメッセージはGOサインを出し、しかも成功と安定がキミのもとにやってくるはずだと太鼓判をおす。これはすごいことだ。がんばれ!!

大成功がかけ足でやってくる。ただし、努力した人にだけ。

まさに激震《げきしん》だ。といっても、悪いことが起きるわけではない。なにか思いがけない事態に、周囲もキミ自身も驚き、激震が走るのだ。そして、その思いがけない事態というのは、つまり、大成功のことだ。

今までのキミの努力や奮闘が、大きな実を結ぶ、そういう時期に今キミがいる。ただ、その実の結び方がアッという間なのだ。あれよあれよという間に、ムリだと思っていたような夢や計画が実現してしまうのだ。

ただし、これも、今までの努力があってのこと。何もしてこなかったものについては、花も咲かないし、実も結ばない。

とにかく、このサインが出たならば、大成功を信じて、以前にもましてがんばらなくてはいけないぞ。なぜなら、激震が走るような、急激な成功を天空を目指すロケットにたとえるなら、そのエネルギーはキミ自身からしかやってこないのだから。

TOP

NEPTUNE
[海王星]

BOTTOM

MARS
[火星]

SIGN
[激震]

TOP

NEPTUNE
[海王星]

BOTTOM

JUPITER
[木星]

SIGN
[静かな山]

動いてはいけない。じっとして次に備えよう。

　このサインが出たのなら、キミは立ち止まって休息をとる必要があるということだ。
　じっとして、動かず、静観《せいかん》がベストというわけ。
　つまり、新しいことへのチャレンジは延期したほうがいいし、何か問題をかかえているのならムリに解決しようとしないほうがいい。恋人との仲が険悪だったなら、少し距離をおいたほうがいいし、このことは友だちとの関係にも言える。
　言い方をかえれば、「動かない」ことが「動く」こと。じっとしていることが、動き回ったのと同じ効果や結果をもたらすということだ。
　これは、決して後ろ向きな考えではない。ときには、バックネット裏でゲームをじっと観戦することも、野球がうまくなるためには必要だ。頭の中で、さまざまに思いをめぐらせ、考え、反省すべきは反省し、そして来るべきゲームに備えて、じっくりと計画を練るのだ。今がそのときなのだ。

ゆっくりと確実に すべてはよい方向へと向かっている。

ゆっくりとだが、確実に、すべてはよい方向へと歩みだしているぞ。

今、キミが占ったテーマが恋愛だったら、二人の仲は確実に深くなっていくだろうし、もしキミが片思いをしているのなら、あのコの気持ちは少しずつキミに傾いていくことだろう。

お金のことなら、少しずつサイフが厚くなっていくだろうし、学校の成績だって前の学期よりは確実に上がるはずだ。

仕事でもそう。キミは前よりもずっとずっと信頼され、役職にもつくだろう。

とにかく、今のキミは、何を計画しても、何にチャレンジしても、かならずうまくいくという運気のもとにある。爆発的な成功ではないが、ゆっくり、じっくり、いろんな幸運がやって来る、そんな時期なのだ。

TOP

NEPTUNE
[海王星]

BOTTOM

SATURN
[土星]

SIGN
[ゆっくり昇る太陽]

TOP

NEPTUNE
[海王星]

BOTTOM

URANUS
[天王星]

SIGN
[落とし穴]

大迷惑なトラブルにまきこまれる可能性大。慎重に慎重に行動せよ。

いろんなことに慎重になるべき時期だ。サインのメッセージはそう告げている。

キミ自身に落ち度や失敗があるわけじゃないのに、なぜか、トラブルや災難にまきこまれる、そんな可能性があるのだ。

こういうときは、やはり、慎重に、慎重に行動しなくてはいけない。ああ、つかれそうだ……。

ただし、ふだんと違う生活にしてはいけない。あくまでも、いつもと同じペースや習慣を守って暮らすことだ。何か変わったことを始めたり、ペースを変えたりすると、それがトラブルにつながりやすくなるのだから。

サインはまた、自分の責任じゃないトラブルにまきこまれる、この大迷惑は、実はキミ自身の未熟さから生じているのかもしれないと言う。キミがまだ半人前ゆえに、災難がキミを目指して襲いかかる。ということは、これは一人前になるための試練と考えて、少しの時期、耐えるしかないのかもしれないね。

豊かになれる幸運期到来!!
あたためていた計画も即実行のチャンス。

もし、キミの占ったテーマがお金や勉強の成績のことだったら、喜べ!! 受けとったサインのメッセージは「豊かさ」だ!!

お金はどんどん入ってくるだろう。

成績はどんどん上がるだろう。

仕事では出世もするだろう。

試験だって合格するし、スポーツの試合にだって勝つぞ。

物質的な豊かさという面では、まさに申し分のない、大幸運期にキミはこれからさしかかろうとしているのだ。

だから、成功を信じて、学校でも、仕事でも、それから恋愛でも、今まであたためていた計画を実行したほうがいい。

なによりも、片思いに悩んでいたキミなら、告白するのは今しかない。堂々と、キミの気持ちをうち明けよう。絶対にうまくいくはずだから。

TOP

NEPTUNE
[海王星]

BOTTOM

NEPTUNE
[海王星]

SIGN
[豊かさ]

TOP

NEPTUNE
[海王星]

BOTTOM

PLUTO
[冥王星]

SIGN
[放浪]

自信を失い、不安な感情におそわれるかも。だが、転機はじきやってくる。

キミの占いのテーマが何であれ、キミは今、自信をなくし、どうしたらいいのかわからず、さまざまなことに迷いを感じているからこそ、「モー娘。占い」カードをシャッフルしたはずだ。その不安な感じ、不安定な状況が、これからも続くだろうというのが、残念だが、このサインからのメッセージだ。

だから、今は、新しいことを計画したり、始めたりする時期ではないし、進路なども正しく決断できる状況でもない。

とにかく、キミは失った自信を取り戻す必要がある。そのためにしなくちゃいけないことは、とても単純なことだ。

まずは、遊びすぎはやめよう。怠けぐせがつかないうちに、ダラダラとした生活を今すぐ改めることだ。

次に、自分の部屋を掃除して、きれいに整理整頓しよう。キミの部屋を美しく保つことは、自分の心をしっかりと理性的に保つことにつながる。

そして最後に、辛抱《しんぼう》だ。この不安定は永遠に続くわけじゃあない。もう少しで、いい意味での転機が訪れるはずだから。

心穏やかに、ひょうひょうと行動すれば大きな幸運がやってくる。

心を穏やかにして、何ものにもとらわれることなく、ひょうひょうと行動すれば幸運が訪れる。このサインのメッセージはそう告げる。

心の穏やかさは、温かさのことでもある。他人に優しく、そして自分にも優しい。そんな気持ちが大事なのだ。

また、「リラックスしなさい」というメッセージもこのサインにはある。カラダや心の緊張を解きほぐし、リラックスしてこそ、心は穏やかに温かくなれるのだから。

そして、ひょうひょうと行動すること。つまり、先生や上司や先輩や親にハイハイと従うのでもなく、逆に反抗したり、敵対するのでもなく、うまく、“テキトーに”つきあえということだ。これが実際むずかしい。ただ、笑顔さえ忘れなければいいのかもしれない。

そんな時期だが、新しい計画を立てるには吉。新しい恋人を見つけるのも吉だぞ。

TOP

PLUTO
[冥王星]

BOTTOM

MERCURY
[水星]

SIGN
[穏やかな風]

TOP

PLUTO
[冥王星]

BOTTOM

VENUS
[金星]

SIGN
[喜び]

楽しいことが目白押し!!
喜びに我を忘れる時期が到来だ。

　今のキミは、少なくとも不安や恐れとは縁がないかもしれない。何かしら、楽しいできごとが起こりそうな予感に、それが現実かどうかを知りたくて占ったのじゃないだろうか？　もし、そうなら、喜んでいいぞ。楽しいできごとが、それも、超楽しいできごとが、次から次へと起きてもおかしくない、そんな大幸運期にさしかかろうとしている。

　とにかく、キミは楽しむ。大いに楽しむ。

　学校でも、職場でも、そしてもちろん恋愛でも、すこぶる楽しい体験をし、大きな喜びを感じることだろう。

　とはいえ、この大幸運期にも落とし穴がある。それは、自己中心的な楽しみや喜びは、結果的に苦しみをもたらすかもしれないということ。

　相手も同時に楽しく喜ばしいことだけを受け入れ、ともに享《きょう》受《じゅ》しよう。

　では、大いに楽しみたまえ!!

すべての問題はやがて解決し、ゆっくりと上昇運がやってくる。

もし、キミが今、問題をかかえているのなら、安心せよ、その問題はじきに解決するはずだ。よかったね。

このサインによれば、怒りはとけ、邪魔者はちりぢりになって去っていき、思いこみや嫉妬からは解放され、こんがらがっていた問題の糸もほどけるというのだ。ただし、ゆっくりとだけどね。

そうしてキミは、これまた、ゆっくりと運気の上昇気流に乗ることとなる。

こういうときはあせっちゃダメ。新しい計画にしても、新しい恋愛にしても、ゴールへの近道を行くことなど考えず、ゆっくり確実に前進していくことが大切だ。

また、このサインのメッセージは、他人との協調や協力を求めている。さまざまな人と知り合い、友人になり、助けあって行動をすることが、上昇運をうまくつかまえ、夢を現実のものとするには必要なのだ。

TOP

PLUTO
[冥王星]

BOTTOM

MARS
[火星]

SIGN
[くだける氷山]

TOP

PLUTO
[冥王星]

BOTTOM

JUPITER
[木星]

SIGN
[高い壁]

行き止まりかもしれない。方向転換の前に自信回復を。

いまや行き止まりだ。前方には大きな障害物が立ちはだかり、キミの行く手をさえぎっている。もう、限界なのかもしれない。

そう、サインは告げる。

成績もこれ以上上がらないかもしれないし、お金もこれ以上増えないかもしれない。恋愛だってこれ以上進展しないかもしれないし、片思いのキミなら絶望感を味わうだろう。

とにかく、どうしようもない行き止まり感がつきまとい、これが限界だと誰かが耳元でささやく。そんな日々だ。

確かに“今のままでは”そうかもしれない。今までと同じやり方をしていたら、ほんとうに限界かもしれない。

だが、キミが本来持っているパワーがなくなったわけじゃないのだ。そうではなく、そのパワーを正しく使わなかったからこそ、限界がやってきたのだ。だから、パワーは余っている!!

そう、自信をもとう。自分の力を信じよう。今はその力を内側にためておき、すぐにやってくるだろう上昇運期に、そのパワーを一気に燃やそうじゃないか。

他人に誠実に対すれば吉。
幸運は他者からやってくる。

他人に優しくすれば幸運がやってくるというのが、このサインのメッセージ。とはいえ、幸運ほしさに打算から優しくするのは、ほんとうの優しさじゃない。なんか、ややこしいけど。

いずれにしても、幸運期にあることはまちがいない。ただし、恋人や家族、友だち、仕事上のパートナーなどとの関係が、とても大きな意味を持つということなのだ。

彼らに対していかに誠実にふるまうか、いかに思いやりをもって行動するか、それが幸運を呼ぶキーポイントになるのだ。

つまり、幸運は彼らのほうからやってくる。幸せそうな恋人の顔、うれしそうな友人の顔、満足そうなパートナーの顔。そんな顔を見たときにキミが幸福を感じれば、そこから、幸運がドミノのようにつながっていくのだ。

だから、この時期、欲張りは禁物。ただただ、他人の幸運を願っていればいいのだ。やがてそれがキミ自身の幸運へと連なるのだからね。

TOP

PLUTO
[冥王星]

BOTTOM

SATURN
[土星]

SIGN
[誠実な心]

TOP

PLUTO
[冥王星]

BOTTOM

URANUS
[天王星]

SIGN
[余計な財宝]

欲張りや強引さが問題を起こしそう。謙虚に行動しよう。

　何かしら自信にあふれ、絶好調だとキミは思ってはいないだろうか？　実は、そういう自信過剰に似た気持ちこそが、失敗を招き寄せると、このサインのメッセージは告げているのだ。

　今はキミが感じているような、単純な幸運期ではない。いわば、綱渡りをする“危うい幸運期”とでもいおうか、自信過剰や、欲張りすぎ、強引さ、慢心《まんしん》などの、一種の行き過ぎが、さまざまな問題を引き起こす可能性が高いのだ。

　だから、とるべき対処法とは、まず、足もとをじゅうぶんに固め、自分自身を謙虚《けんきょ》に見つめ直すことだ。

　キミの現在の比較的ラッキーな状態は、キミ自身の力だけで得たものではなく、たくさんの友だちや家族の助けがあって初めて可能になったのだということを、あらためて思い出してみることだ。

　その後に、これまた謙虚に計画を立て直せばいい。幸運はもはや逃げてはいかないだろう。

今、キミはゴールに立っている。だが、新しい旅の予感がする。

食事にたとえるなら、今のキミは満腹の状態なのかもしれない。おいしいものを食べて、おなかがいっぱいだ。とはいえ、まだ寝るには早いし、もう少しデザートを食べたい気もする。おそらく、そんな心理状態に近いキミなのではあるまいか。

これはこれで、吉であるといえるけれど、じゃあ、次はどうするかという問題が残っている。

でも、満腹の状態では、次の食事に何を食べようかなんて、熱心に考えられるわけもない。やはり、あせることなく、じっくりと新しい計画を練ることが大事なのだ。

また、このサインが告げるのは、今の状態がその幸福感、満足感のままで、それ以上は進展しないということでもある。つまり、今キミが立っている地点がゴールなのだ。

そうなのだ。キミは、また新たなゴール目指して旅立たなければいけない。そして、その新しいゴールを見つけるのも、今なのだ。

TOP

PLUTO
[冥王星]

BOTTOM

NEPTUNE
[海王星]

SIGN
[終局]

TOP

PLUTO
[冥王星]

BOTTOM

PLUTO
[冥王星]

SIGN
[未完]

ゴールはまだ遠い。
だが確実に近づいている。

ゴールはまだ遠い。でも、見えないわけじゃない。マラソンでいえば、30キロ台後半の位置か。つまり、いい線いってるけど、もうちょっとのがんばりが必要だというのが、このサインのメッセージだ。

彫刻や絵画でいえば、まだ細部が手つかずなまま。ライブでいえば、ラストの1曲手前。ジャンプでいえば、ふみきり板にさしかかる一瞬前。いずれも、未完成ではあるけれど、作品や結果の行方を左右する重要なポイントであることではいっしょだ。キミの今は、まさにそういうポイントなのだ。

ゴールインするもしないも、立派な結果を残すも残さないも、まさに、今のがんばりにかかっている。

とてもたいへんで、困難な時期かもしれない。そういう意味では不運な時期と思うかもしれないが、それは間違いだ。苦しいかもしれないが、今がいちばん大事な時期なのだ。つまり、明日の喜びは今のキミしだい。実は、もっともやりがいのある充実した時期なのではないだろうか。

■惑星マークとサインワードの対応表

TOP

♇ 冥王星	♆ 海王星	♅ 天王星	♄ 土星	♃ 木星	♂ 火星	♀ 金星	☿ 水星	
穏やかな風	革命	攻勢前の退却	後退	素直	従順	小さな障害	生成発展	☿ 水星
喜び	支え合う幸福	増大	力強さ	停滞	堕落	挑戦	受け容れること	♀ 金星
くだける氷山	激震	決断	前進	自分を育てる	近づく成功	安泰	試練と忍耐	♂ 火星
高い壁	静かな山	出会い	暗転	大きすぎる幸運	慎重な準備	停止	謙虚	♃ 木星
誠実な心	ゆっくり昇る太陽	参集	よき家族	下降	求められる変貌	仲間との協力	待て	♄ 土星
余計な財宝	落とし穴	上昇	するどい対立	燃える火	恵み	叶えられる望み	いさかい	♅ 天王星
終局	豊かさ	困難	大きな障害物	深まる愛	剥離	謙譲	確信を持て	♆ 海王星
未完	放浪	眠っている宝	自由にする	継続	戻ってくる幸運	熱中	よい意志疎通	♇ 冥王星

BOTTOM

●「未来へのメッセージ」は東洋の易経をベースにつくられました。参考文献:『I-CHING』、『マーフィーの易占い』(産業能率大学出版部)

CHAPTER 3

きょう1日の運命を変える法!!

30枚の数秘カードは、キミを助ける強力な護符となる。
護符――スーパーカードは、キミの運気を上昇させ、邪気からキミを守る。
数秘カードは単なる紙だ。紙自体に神秘的なパワーはない。
でも、カードに記された言葉とその象徴は、キミの潜在意識に働きかけ、
キミの不思議なパワーを引き出してくれる。
しかも、モーニング娘。たちの純な気持ちがこめられているとなればなおさらだ。
これから伝授するのは、数秘カードから、きょう1日の運命を変えてしまう
1枚のスーパーカードを選び出す方法である。

一人トランプ遊びに似たルールでカ

カードの裏にも書いてあるが、これがカードを並べる順番だった。そして、この数字の並び方を魔法陣というのだったね。魔法陣4の位置といわれたら、いちばん上の列の左端のことだ。わかってるよね?

まず、30枚の数秘カードをよくシャッフルし、決められた順番に、たて3列×よこ3列の魔法陣に9枚だけ並べる。次に、キミが重点をおきたいテーマの位置のカードをめくる。めくったカードのナンバーが1だったら、こんどは魔法陣1の位置のカードをめくる。そのカードのナンバーが5だったら、こんどは魔法陣5の位置のカードをめくる……。というように、めくることのできるカードがなくなるまで繰り返すのだ。

ルールとして、10、20、30の3枚のカードのどれかが出たら、手持ちのカードから1枚加える。また、10ケタ以上の数字は1のケタの数字だけを見る。つまり、25なら5と読むのだ。だから、たとえば、すでに魔法陣4の位置のカードがめくれているところに、14の数字が出たら、これは魔法陣4を意味するので、そこでスーパーカード探しはストップというわけだ。このとき、ストップしたカードこそが、きょう1日、キミを守る護符——スーパーカードになる。MATRIX DATAでカードの象徴と意味を調べよう。もしも、9枚のカードが全部めくれてしまったら、きょうは大吉ということになるぞ!! では、イラスト入りで、もう一度、くわしく説明しよう。

ードをめくり、スーパーカードを探すのだ。

START ▶▶▶

まずは９枚のカードを表を下にして並べ、自分の重点テーマの位置のカードをめくる。これは恋愛[LOVE]がテーマのカードをめくるところだ。

恋愛の位置＝魔法陣7の位置のカードをめくると、カードナンバーは1だ。

そこで、こんどは、魔法陣1の位置のカードをめくる。すると、カードのナンバーは5。

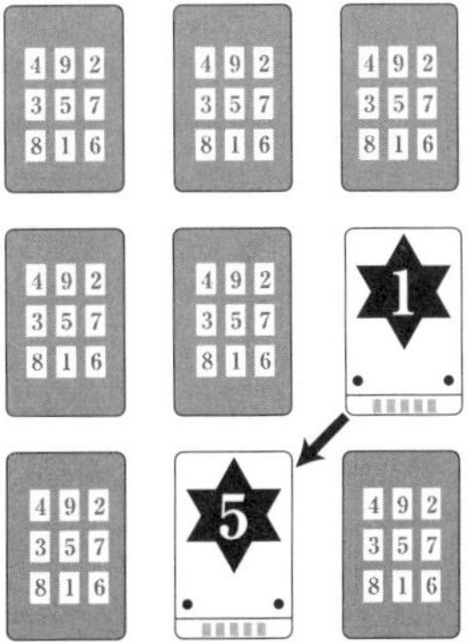

カードナンバーが5だったので、魔法陣5の位置のカードをめくる。すると、カードナンバー24。10ケタ以上は1ケタの数だから、これは4。

そこで魔法陣4の位置のカードをめくるとカードナンバーは10。「10、20、30のカードが出たら手持ちから1枚加える」ルールだから……

残っている21枚のカードから1枚加え、めくってみると、カードナンバーは28、つまり8という意味のカード。そこで……

▶▶▶FINISH

魔法陣8の位置のカードをめくる。するとカードナンバー16のカードが。これは6と同じことだから、魔法陣6のカードをめくる。

魔法陣6のカードをめくってみると、なんと、カードナンバー4のカードが出現!! 魔法陣4の位置のカードはすでにめくられている。てことは…

すなわち、カードナンバー4の最後のカードがきょうのスーパーカードということになる。4はケイ・セレブロ。「智」がシンボルだ。

あとがき

　どうだい、できばえは？　楽しんでくれてる？　当たってる？　役立つかい？　元気が出るかな？　勇気がわきおこるかな？　明日が来るのが楽しみになったかな？
　モーニング娘。僕、『お願い！モーニング』のスタッフやビンゴビンゴの３人、そして浅野八郎さんを始めとした占い界の多くのプロフェッショナルの方々との超強力コラボレーションによって生まれた、これは史上最強のカード占いだと僕は信じている。
　しかも、ゲーム感覚でみんなでワイワイ遊べるし、それになんといっても、すべてにプラス志向だ。ちょっと見には運が悪いことだって、それはよい結果を得るための一つのプロセスにすぎないんだからね。
　この「モー娘。占い」が、キミをあとおしする勇気や行動力の素になってくれたら、こんなにうれしいことはない。
　そう、運命は変えられるんだ。だから、どう変えたらいいのかを、僕たちがつくったこの占いを参考に見つけだしてほしい。守護女神たるモーニング娘。も、ずっとキミのことを見守っているよ。

中山秀征

TOP

SATURN
[土星]

BOTTOM

URANUS
[天王星]

SIGN
[するどい対立]

ケンカに対立、行き違い……。
だが、クールに乗り切っていこう!!

　友だちや恋人となにか行き違いが起こり、ケンカが起きるかもしれないし、もう、すでにケンカしちゃったかもしれない。

　このサインの意味は“するどい対立”。友だちとのつきあいでも、学校でも、職場でも、とにかくいろんな面で食い違いが生じ、かなりめいるかもしれない。

　とはいえ、対立そのものは悪ではない。確かに気分がいいものではないが、成長や進歩は対立や競争がないところには生まれないのだ。だから、この最悪の事態から、なんとか、最善の成長へと変えるべく、がんばらなくてはならないぞ。

　その方法の一つは、消極的に見えるかもしれないが「**静観**《せいかん》」である。つまり、カッカとせずにやりすごすことだ。ケンカから身を引き、おとなしくしている。簡単そうだが、これが実はいちばんむずかしい。熱いケンカを目の前にして、自分だけクールでいることは、もしかして人生でいちばんむずかしい心のウルトラEだ。そう、だからこそ価値があるのだ。